리틀 히포크라테스 01

복제인간은
가능할까?

리틀 히포크라테스 01

생명공학

박승준 글 | 이한울 그림

복제인간은 가능할까?

봄마중

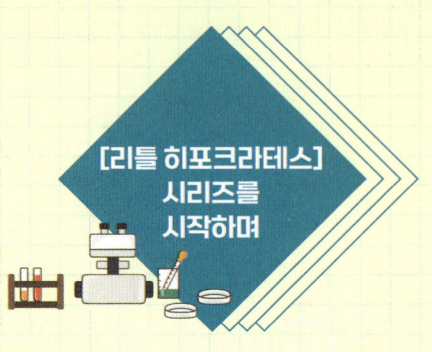

[리틀 히포크라테스] 시리즈를 시작하며

인류의 역사와 더불어 시작된 의학은 질병에 시달리지 않고

건강하게 사는 방법을 연구하는 학문이에요.

의학은 크게 '기초의학'과 '임상의학'으로 나눌 수 있어요.

기초의학은 인체의 구조와 기능에 관한 기본적인 지식을

연구하고, 임상의학은 환자의 질병을

진단하고 치료하는 방법을 공부하는 분야예요.

사람의 생명을 다루는 의학은 어렵고 힘든 일이지만

그만큼 보람이 크고 매력적이기도 해요.

최근 들어 의사가 되려는 어린이들이 늘면서

의학에 대한 관심도 높아지고 있어요.

[리틀 히포크라테스] 시리즈는 어린이들이

인체와 생명의 소중함을 생각하고

의사라는 직업에 관심을 가질 수 있도록

의학의 각 분야를 안내하기 위한 목적으로 기획되었어요.

차례

008　**머리말** | 21세기는 생명공학 시대
012　**묻고 답하고** | DNA가 궁금해

1 빵과 함께 시작된 생명공학의 세계
018　최초의 생명공학 제품, 빵
020　효소가 부리는 마술, 발효
023　드디어 모습을 드러낸 미생물

2 콩 심은 데 콩 나고 팥 심은 데 팥 난다
030　자식이 부모를 닮는 이유는?
034　생명의 설계도가 들어 있는 DNA
037　DNA의 조수, RNA
039　DNA의 구조를 밝혀라

3 세포의 부지런한 일꾼 단백질
052　DNA에 담긴 암호문의 정체
054　단백질 합성 공장으로 출발!
058　DNA에 문제가 생기면?

4 스파이더맨처럼 거미줄을 쏴 볼까?

- 064 유전자재조합 기술
- 068 유전자재조합 기술로 탄생한 스파이더맨

5 알레르기 없는 인슐린을 만들어라!

- 074 인슐린과 당뇨병
- 080 인슐린을 생산하는 공장의 공장장, 세균
- 083 더 나은 치료를 약속하는 레드 바이오

6 1만 년 전에 멸종한 매머드를 되살릴 수 있을까?

- 088 멸종 동물 복원 프로젝트
- 094 복제인간은 가능할까?

7 코로나19 바이러스를 찾아내는 마술, PCR

- 102 PCR의 원리
- 105 유레카의 순간 같았던 PCR의 발견

8 아기도 주문하는 시대가 올까?

- 112 유전자에 따라 운명이 결정된다면?
- 115 유전자편집 기술, 크리스퍼

- 120 **맺음말** | 나노 기술과 생명공학의 만남

21세기는 생명공학 시대

생명공학이란 무엇일까? 생명공학Biotechnology은 생명을 뜻하는 'Bio'와 공학을 뜻하는 'Technology'를 합쳐 놓은 단어야. 그러니까 생명공학은 '생명체의 구조나 기능을 더 잘 이해하고 수정해 새로운 제품이나 기술을 개발하는 분야'라고 할 수 있지.

생명공학자들은 세포 안에 들어 있는 유전자를 조사하고, 필요하다면 유전자를 적절히 바꾸기도 해. 이런 방법으로 질병을 치료하는 약을 만들거나, 가뭄이나 홍수에도 끄떡없이 자라는 벼나 밀을 만들거나, 환경을 보호할 방법도 찾을 수도 있지. 이를 통해 생명체가 더 건강하게 살 수 있도록 하는 거야.

　세계적으로 유명한 미래학자인 앨빈 토플러는 《부의 미래》라는 책에서 다가오는 제4의 물결은 생명공학을 중심으로 한 '바이오 시대'가 될 것으로 전망했어. 토플러는 현재 인류 앞에 닥친 여러 가지 어려운 문제, 예를 들면 자연생태계 파괴로 인한 환경 문제, 질병 극복을 위한 보건의료 문제, 식량 부족 문제, 에너지 자원 고갈 문제 등을 생명공학이 해결할 수 있으리라 예측한 거야.

　특히 의학 분야에서 생명공학을 이용한 바이오 산업은 엄청난 가치를 지니고 있지. 그래서 황금알을 낳는 거위가 되리라는 기대를 한몸에 받고 있어. 생명공학 기술을 이용하면 암, 에이즈, 파킨슨병, 알츠하이머병 같은 난치병을 치료

할 바이오 의약품을 개발할 수 있을 테니까. 따라서 우리나라를 비롯한 많은 나라에서 생명공학 기술 개발에 큰 노력을 기울이고 있단다.

　자, 그럼 우리가 살아갈 세상을 근본적으로 바꿀지도 모르는 흥미진진한 생명공학의 세계로 들어가 보자.

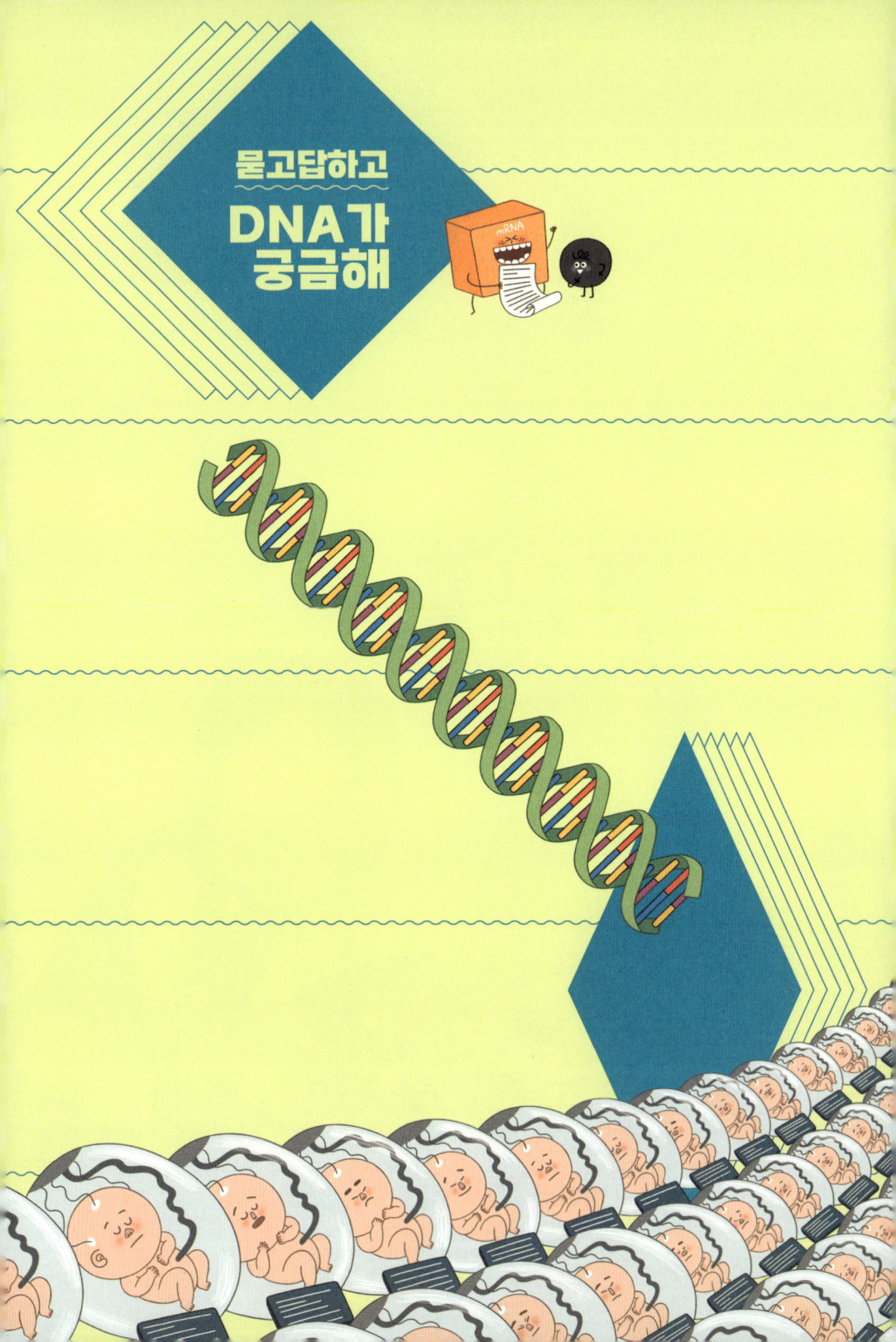

슈퍼 히어로가 나오는 마블 영화 좋아하니?

 그럼요! 마블 영화는 너무 재밌어요. 착한 사람들을 괴롭히는 악당을 슈퍼 히어로가 무찌르는 걸 보면 정말로 통쾌해요.

 어떤 영화가 재밌었니?

 〈스파이더맨〉도 좋지만, 〈엑스맨〉도 재밌게 봤어요. 특히 〈엑스맨: 데이즈 오브 퓨처 패스트〉에서 로건이 과거로 돌아가서 센티넬의 탄생을 막았던 것이 아주 흥미롭더라고요.

 맞아. 센티넬은 정말 엄청난 능력을 갖췄지.

 돌연변이들이 센티넬 때문에 전부 다 죽을 뻔했잖아요. 그런데 영화에서 트라스크 박사가 센티넬을 어떻게 만들었는지 궁금했어요.

 트라스크 박사는 레이븐의 피에서 뽑은 DNA를 이용했단다. DNA에 들어 있는 유전 정보를 바탕으로 돌연변이의 능력을 분석했고, 그 정보를 센티넬에 적용한 거야.

 DNA가 그렇게 중요한가요?

그럼! 물론이지. DNA에는 생명체를 이루는 모든 정보가 들어 있거든.

DNA가 바뀌면 그 생명체의 특징도 바뀔 수 있겠네요?

그렇지! 현대 생명공학은 어떤 생명체의 유전자를 조작해서 새로운 유전자를 만드는 기술을 가지고 있어.

와우! 새로운 유전자를 만들 수 있다니, 정말 신기해요.

생명공학에는 〈엑스맨〉만큼 신기한 이야기가 많단다. 기대해 보렴.

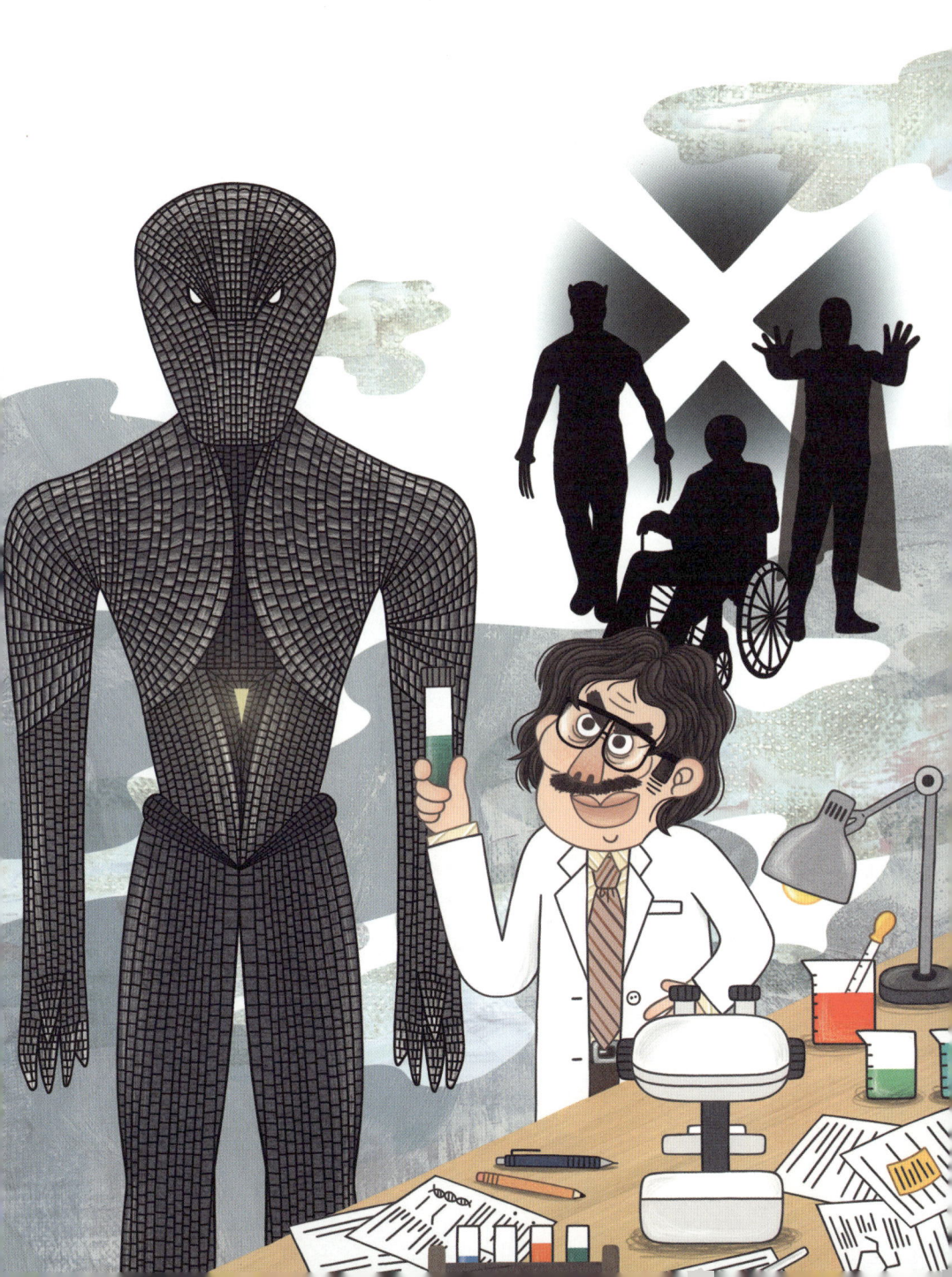

빵은 살아 있는 생명체인 효모라는 미생물의 도움으로 만들어지니까 생명공학 제품인 셈이야. 그런 의미에서 생명공학은 발효로부터 시작된 거라고 할 수 있어.

빵과 함께 시작된 생명공학의 세계

1

갓 구운 따뜻한 빵 한 덩어리. 구수한 빵을 한 입 베어 물면 마음마저 따뜻해지는 것 같아. 그냥 빵만 먹어도 맛있지만, 소시지를 하나 얹어 먹으면 맛이 두 배로 좋아지지. 부드럽고 담백한 빵과 소시지의 짭짤한 맛이 절묘하게 조화를 이루거든. 이렇게 맛난 빵은 언제, 어떻게, 누가 만들기 시작했을까?

최초의 생명공학 제품, 빵

우리가 좋아하는 빵은 인류가 아마도 처음으로 얻은 생명공학 제품일 거야. 빵은 살아 있는 생명체인 효모라는 미생물의 힘을 빌려 만드는 발효식품이거든. '생명공학'이라는 용어는 헝가리의 공학자인 카를 이레키가 1917년에 처음으로 사용했어.

그는 생명공학을 '살아 있는 생명체의 도움을 얻어 원료에서 유용한 물질을 생산하는 모든 작업'이라고 정의했지. 유용한 물질인 빵은 살아 있는 생명체인 효모라는 미생물의 도움으로 만들어지니까 생명공학 제품인 셈이야. 그런 의미에서 생명공학은 **발효**로부터 시작된 거라고 할 수 있어.

물론 빵 말고도 발효를 통해 얻은 먹을거리는 참 많아. 와인, 맥주, 치즈, 두부, 식초 그리고 김치까지 발효식품은 오랜 세월 인류와 함께 해 왔지.

생명공학이란 용어가 주목받기 시작한 건 40여 년 전인 1980년대부터지만, 우리는 이미 오래전부터 생명공학을 통해 먹을거리를 얻어온 거야. 그러면 이제 본격적으로 빵 이야기를 시작해 볼게.

빵의 역사는 오래전인 선사시대까지 거슬러 올라가야 해. 고대 이집트 사람들은 미생물의 존재를 알기 훨씬 전인 4천 년 전에 이미 빵을 만드는 데 효모를 이용했어. 물론 지금 같은 멋진 빵은 아니었지. 당시 사람들은 불에 굽거나 돌로 빻은 밀을 물에 넣고 끓여 만든 걸쭉한 죽 같은 것을 먹었을 거야. 혹은 죽을 뜨거운 돌 위에 펴 발라 굳힌 후 먹기도 했겠지.

그러다가 고대 이집트 어디선가 기적 같은 일이 일어났

어. 먹을 때를 놓치고 구석에 이삼 일 동안 그대로 놓아두었던 죽의 표면에 거품이 보글보글 일어난 걸 발견했거든. 발효가 일어나 죽의 부피는 처음보다 훨씬 늘어나 있었지. 물론 이것이 발효라는 것을 당시 사람들은 몰랐을 거야. 그저 평소와 다르다고 생각하고 발효가 일어난 밀가루 반죽을 불에 구웠는데 전보다 훨씬 더 맛있는 빵이 만들어진 거지. 인류 최초의 빵이 탄생한 역사적인 순간이었어.

효소가 부리는 마술, 발효

밀농사를 지어 얻은 낟알을 곱게 빻으면 밀가루가 돼. 따뜻한 물을 밀가루와 섞어 만든 반죽에 효모를 넣고 한참을 기다리면 아주 놀라운 일이 벌어져. 밀가루에 포함된 전분은 수천 개의 **포도당** 분자로 이루어져 있는데, 효모는 이 포도당을 아주 좋아해.

  포도당은 우리 몸이 움직이는 데 필요한 에너지를 만드는 물질이야. 빵 반죽에 들어간 효모는 포도당을 섭취하고 이를 알코올과 탄산가스 이산화탄소, CO_2 그리고 에너지로 분해해. 이것이 바로 '발효'라는 현상이지.

발효를 처음 발견한 것은 1859년 프랑스의 생화학자 루이 파스퇴르였어. 탄산가스는 기체 방울,기포,을 잔뜩 만드는데, 이것 때문에 빵 반죽은 풍선처럼 부풀어 오르지. 잘 숙성된 반죽을 오븐에 넣고 구우면 탄산가스는 뜨거운 열에 의해 증발하면서 빵에는 구멍이 남아 부드럽고 폭신한 빵이 만들어지는 거야.

혹시 발효 과정 중에 생긴 알코올 때문에 빵을 먹으면 취하는 게 아니냐고? 절대 그럴 염려는 없어. 빵을 구우면 알코올은 날아가 버리거든.

그런데 효모는 어떻게 반죽 안에서 그 많은 포도당을 빠르게 처리해서 알코올과 탄산가스 그리고 에너지로 바꾸는 걸까? 그 비결은 바로 효모 안에 들어 있는 100만 개에 달하는 **효소** 덕분이야.

효소의 작용 때문에 발효가 일어난다는 사실을 밝혔던 사람은 독일의 생화학자 에두아르트 부흐너였어. 그는 이 발견으로 1907년 노벨 화학상을 받았지.

만약 효소가 없다면 발효는 100년이 지나도, 1천 년이 지나도 절대로 일어나지 않을 거야. 그러니까 발효란 효모 안의 효소가 하는 일이라고 생각하면 돼.

효소는 세포 안에 들어 있는 최고급 촉매라고 할 수 있어. 촉매란 느린 화학반응의 속도를 빠르게 변화시키는 물질이야. 작은 불길을 키우려고 기름을 부어 주는 거나 마찬가지지. 효소는 화학반응을 무려 수백만 배나 빠르게 할 수 있어. 효소는 반응과정에서 사라지지 않고 변하지도 않기 때문에 아주 적은 양만 있어도 충분해.

 모든 세포 안에서는 수천 가지의 화학반응이 쉴 새 없이 일어나고 있어. 만약 효소가 없다면 화학반응은 멈출 것이고, 그 어떤 생명체도 살아갈 수 없겠지.

드디어 모습을 드러낸 미생물

이처럼 인류는 미생물의 존재를 모르던 아득한 옛날부터 미생물의 힘을 빌려 여러 가지 생명공학 제품을 만들어 왔어. 우리는 현미경이 발견되고 나서야 미생물을 직접 관찰하고 그 역할을 이해할 수 있게 되었지.

영국의 과학자 로버트 훅이 자신이 발명한 현미경으로 본 곰팡이 그림을 그린 건 1665년의 일이었어. 그 후 200여 년 동안 별 진전이 없었던 미생물 연구는 파스퇴르와 독일의 과학자 로버트 코흐에 의해 획기적인 발전을 이루게 되었지. 발효 현상을 최초로 이해했던 파스퇴르는 1864년 공기 중의 미생물이 음식물을 부패시킨다는 사실도 입증했어. 그리고 코흐는 1881년 세균을 순수하게 배양하고, 미생물이 질병의 원인인 것을 최초로 밝혔지.

미생물이 인류 역사에 엄청난 영향을 미친 사건은 페니실린의 발견이었어. 1928년 어느 날, 영국의 과학자 알렉산더 플레밍은 곰팡이에 의해 오염된 배양 접시 안에서는 세균이 잘 자라지 못하는 것을 발견했어. 이 현상을 자세히 연구한 플레밍은 곰팡이에서 만드는 어떤 물질이 세균의 성장을 억제한다는 것을 알아냈고, 이 물질을 분리하는 데 성공했던 거야. 이게 바로 그 유명한 페니실린이었어.

페니실린은 세균에 의한 감염병을 치료하는 데 매우 효과적임으로 밝혀졌지만, 문제는 생산량이었어. 많은 환자에게 투여할 만큼 충분한 양을 확보할 수 없었던 거야. 10여 년의 끈질긴 연구 끝에 생산 능력이 우수한 미생물을 화학 물

로버트 훅이 사용한 현미경

질이나 방사선 등으로 **돌연변이**를 일으켜 찾아낼 수 있었지. 돌연변이로 DNA가 변형된 미생물 중 생산 능력이 우수한 것을 골라내 페니실린 대량 생산에 사용했던 거였어.

하지만 이렇게 생산 능력이 우수한 돌연변이 미생물을 골라내는 작업은 시간과 노동력이 매우 많이 걸리는 단점이 있었어. 미생물의 DNA를 우리 마음대로 다룰 수 있게 된 것은 DNA 부위를 원하는 대로 자르고 붙일 수 있는 유전자 재조합 기술이 소개되고 나서야. 이에 관해서는 뒤에서 자세히 알아볼 거야.

알아두면 힘이 되는 의학 용어 풀이

미생물   세균, 곰팡이, 바이러스 등 맨눈으로는 관찰할 수 없는 작은 생물.

효모   '이스트'라고도 불리는 미생물의 종류. 빵, 맥주, 와인 등 여러 가지 식품을 만들 때 사용됨.

발효   효모 같은 미생물이 포도당 같은 유기물을 분해해서 에너지를 얻는 과정을 말함. 이때 알코올과 탄산가스_{이산화탄소, CO_2}가 만들어짐.

포도당   밥, 빵, 국수 등의 음식에 들어 있는 탄수화물의 종류. 우리 몸 대부분의 세포가 에너지원으로 사용함.

효소   생체 내에서 화학반응을 촉매 하는 단백질.

화학반응   원자나 분자 사이에 일어나는 변화. 예를 들면 수소와 산소가 결합해 물을 만드는 반응.

촉매   화학반응의 속도를 빠르게 하는 물질.

돌연변이   유전자나 염색체 등 유전 정보에 변화가 생기는 현상.

자식이 부모를 닮는다는 건 잘 알려진 사실이야. 어머니의 난자와 아버지의 정자가 합쳐져 태어난 것이 자식이니 부모와 자식이 서로 비슷한 건 지극히 당연한 일이지. 콩을 심으면 콩이 나고 팥을 심으면 팥이 나듯이, 우리는 모두 조상과 비슷한 특성을 가지고 태어나.

2
콩 심은 데 콩 나고
팥 심은 데 팥 난다

요즘은 대부분 형제가 없는 외동이 많지만 예전에는 형, 누나, 동생이 함께하는 가족이 흔했어. 그런데 같은 부모에게서 태어난 형제라도 다 생김새는 달랐지. 예를 들면 형은 아버지를 쏙 빼닮았고, 누나는 어머니를 많이 닮았고, 동생은 어머니와 아버지를 골고루 닮은 식이었지. 하지만 형제 중 누구는 부모와 닮은 데가 하나도 없는 경우도 있었어.

왜 같은 부모에게서 태어났는데, 형제들의 생김새는 모두 다른 걸까? 왜 누구는 부모를 많이 닮고 누군 덜 닮는 걸까?

자식이 부모를 닮는 이유는?

자식이 부모를 닮는다는 건 잘 알려진 사실이야. 어머니의 **난자**와 아버지의 **정자**가 합쳐져 태어난 것이 자식이니 부모와 자식이 서로 비슷한 건 지극히 당연한 일이지. 콩을 심으면 콩이 나고 팥을 심으면 팥이 나듯이, 우리는 모두 조상과 비슷한 특성을 가지고 태어나.

자식이 부모를 닮는 이유는 부모에게서 유전자gene를 반반씩 물려받기 때문이야. 하지만 같은 부모에게서 태어난 형제라 하더라도 생김새나 성격은 서로 달라. 어머니와 아버지에게서 절반씩 유전자를 받았지만, 반드시 같은 부분을 물려받는 건 아니거든. 부모의 어떤 유전자가 어떤 자식에게 전해질지는 순전히 '우연'에 달린 일이야.

유전자란 쉽게 말해 부모가 자식에게 물려주는 특징이야. 유전자가 무슨 일을 하는지 좀 더 자세히 알아볼까? 유전자는 사람을 비롯한 모든 생물의 모습이나 특성을 결정하는 물질인데, 주방에서 요리사가 사용하는 요리법이 담겨 있는 책과 비슷하다고 할 수 있어.

이 책에는 사람을 만드는 데 필요한 모든 정보가 자세하게 적혀 있지. 머리 색깔, 눈 색깔, 피부 색깔, 키, 성격 등 우리의 특성을 결정하는 모든 정보가 유전자에 담겨 있는 거야. 우리가 좋아하는 레고 블록을 만들 때 사용하는 설명서라고 생각해도 좋을 것 같아.

그렇다면 우리의 모든 것을 결정하는 유전자는 어디에 있

고 그 정체는 무엇일까? 유전자를 만나려면 우리는 **세포** 안에 있는 **핵**으로 들어가야 해.

핵 속에는 'DNADeoxyribonucleic acid, 데옥시리보핵산'가 실처럼 뭉쳐져 있는 **염색체**를 볼 수 있어. 바로 이 DNA에 생명체의 활동에 필요한 모든 유전 정보가 들어 있는 거야. 염색체란 이름은 19세기에 학자들이 현미경으로 세포를 관찰할 때 염색이 잘 되는 구조물을 발견하면서 붙여졌어.

사람은 22쌍의 보통염색체상염색체와 1쌍의 성염색체를 포함한 총 46개의 염색체를 가지고 있어. 염색체의 숫자는 종마다 달라. 재미난 사실은 누에의 염색체는 56개, 개는 78개야. 사람보다 훨씬 많지. 그렇다면 누에나 개가 사람보다 더 복잡한 존재일까? 그렇지는 않아. 염색체 숫자가 많다고 더 복잡한 생명체는 아냐. 하지만 염색체 숫자는 매우 중요해서 하나라도 많거나 적으면 이상 증세가 나타나게 돼.

예를 들어 21번 염색체가 하나 더 많은 경우는 지능이 제대로 발달하지 못하고 키가 잘 자라지 않는 다운증후군에 걸릴 수 있어. 그리고 정상적으로는 두 개가 있어야 할 여성의 X염색체가 하나만 있는 여자아이는 키가 작고, 성적 발달이 늦어지는 터너증후군에 걸릴 수 있지.

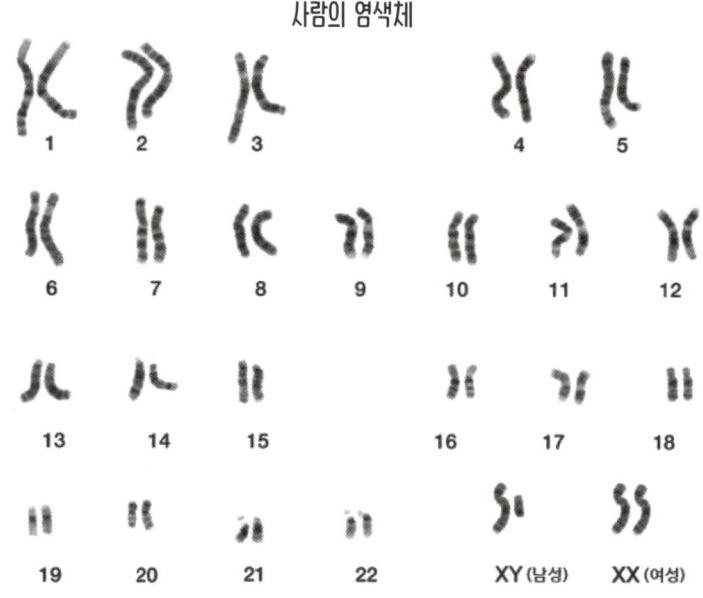

사람의 염색체

생명의 설계도가 들어 있는 DNA

20세기 초반만 해도 유전자가 어떤 물질인지 과학자들은 잘 알지 못했어. 지금 우리가 아는 대로 DNA를 유전물질이라고 여긴 사람도 있었지만, 그보다 훨씬 많은 과학자들이 우리 몸에 가장 많은 **단백질**이 유전물질이라고 생각했지. 이 논쟁은 1953년 제임스 왓슨과 프랜시스 크릭이 DNA의 구조를 밝히고, 유전이 일어나는 원리를 규명하면서 비로소

끝날 수 있었어.

 1940년대 과학자들은 세포의 핵 안에는 **핵산**이라는 물질이 있고, 핵산은 DNA와 RNARibonucleic acid, 리보핵산라는 두 종류가 있다는 것을 밝혀냈어. DNA의 구조는 매우 간단해. 그림처럼 인산, 당, 염기가 1:1:1로 결합하는데, 이를 '뉴클레오타이드'라고 불러. DNA는 뉴클레오타이드가 길게 연결되어서 만들어진 고분자 물질작은 분자들이 모여서 이루어진 큰 분자인 셈이야.

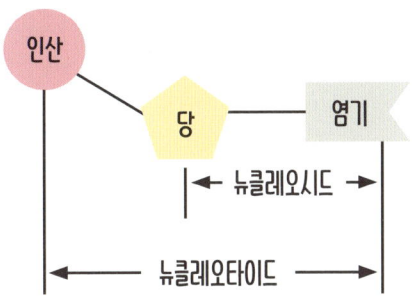

 DNA의 기본 구성단위인 뉴클레오타이드는 염기의 종류에 따라 4가지로 나눌 수 있어.

 DNA를 구성하는 4가지 염기는 아데닌Adenine, 구아닌Guanine, 시토신Cytosine, 티민Thymine이야. 각각 머리글자만 따서 A, G, C, T로 표기하지. 각각의 염기는 4가지 다른 색깔의 레고 조각이라고 생각하면 좋아. 그러니까 DNA는 4가지 색깔의 수많은 레고 조각으로 만든 기다란 사다리라고 할 수 있지. 사람의 세포 하나에는 이런 뉴클레오타이드가 놀랍게도 약 30억 쌍이나 있다고 해.

만약 'CTAAG'라고 쓰인 DNA가 있다면 시토신C-티민T-아데닌A-아데닌A-구아닌G을 염기로 가진 뉴클레오타이드 5개가 순서대로 늘어서 있다는 거라고 생각하면 돼. 이처럼 4가지 뉴클레오타이드가 어떤 식으로 연결되느냐에 따라 생물체의 특성을 결정하는 유전 정보가 달라지게 되는 거야.

그런데 DNA 얘기를 하다 보니까 BTS가 부른 'DNA'라는 노래가 생각나네.

"첫눈에 널 알아보게 됐어
서로를 불러왔던 것처럼
내 혈관 속 DNA가 말해 줘
내가 찾아 헤매던 너라는 걸"

이 노래처럼 혈관 속에도 DNA가 있을까? 정답을 말하면 혈관 속에도 DNA가 아주 많아. 적혈구는 세포핵이 없어서 DNA가 없지만, 핵이 있는 백혈구에서는 DNA를 볼 수 있지. 그러니까 '내 혈관 속 DNA가 말해 줘'라는 건 과학적으로 말이 되는 얘기이긴 해.

DNA의 조수, RNA

핵산의 다른 멤버인 RNA는 DNA와 마찬가지로 유전 정보를 담고 있어. RNA의 구조는 DNA와 같은 듯 달라. 즉 그림에서 보는 것과 같이 DNA는 이중나선으로 꼬여 있지만, RNA는 하나의 단일나선 구조를 하고 있어.

RNA를 구성하는 염기는 DNA의 티민T 대신 우라실Uracil을 가지고 있어. 즉, RNA의 염기 4가지는 아데닌A, 구아닌G, 시토신C 그리고 우라실U이야. RNA는 유전 정보를 가진 DNA의 조수에 해당하는 역할을 담당해. DNA에 담긴 정보를 핵 밖으로 전달해 단백질을 합성할 수 있게 하는 거야. 이에 대해서는 다음에 자세히 알아볼 거야.

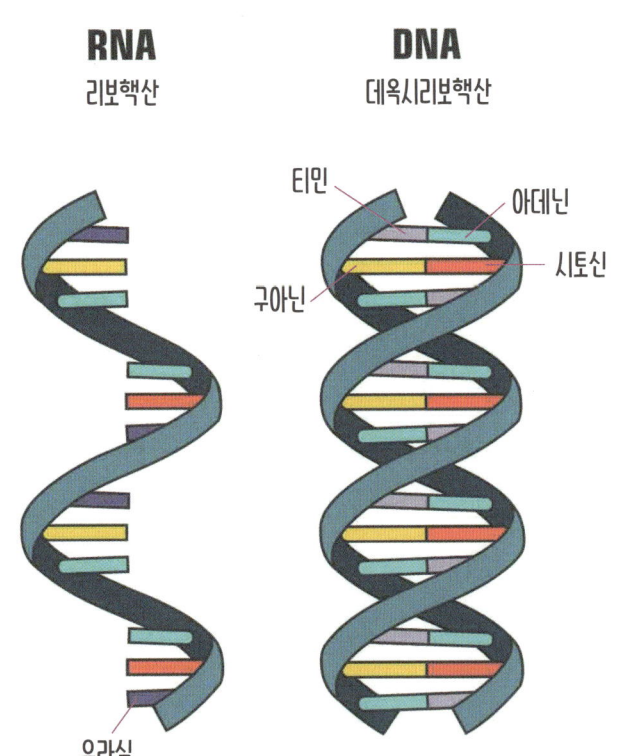

DNA의 구조를 밝혀라

유전물질의 본체인 DNA의 정확한 구조는 어떤 과정을 거쳐서 밝혀졌을까? 19세기 중반, 성능 좋은 현미경이 등장하면서 사람들은 맨눈으로는 볼 수 없던 아주 작은 세상을 보게 되었어. 그전에는 보지 못했던 새로운 세상이 열린 거야.

동물이건 식물이건 모든 생물체는 세포로 이루어졌다는 걸 알게 됐고, 세포 안에는 핵이 있다는 것도 알게 되었어. 바로 이 핵 안에 유전 정보가 담긴 DNA가 있지.

19세기 말쯤, 과학자들은 현미경으로 성게를 관찰하다가 난자와 정자가 만나 수정란이 만들어지는 과정을 관찰했어. 정자의 핵은 난자 안으로 빨려 들어가 두 핵이 하나로 합쳐졌고 이것이 자라 성게가 되었던 거야. 즉 정자는 난자에게 세포핵만 전해 준 거지. 과학자들은 정자가 전해 준 핵과 난자의 핵에 있는 어떤 정보가 합해졌다고 생각했어. 이제 핵 속에 든 물질이 무엇인지를 밝히는 경쟁이 본격적으로 시작된 거야.

20세기 초의 과학자들은 구조가 너무나도 단순한 DNA를 유전물질로 인정하는 것을 탐탁지 않게 생각했어. 4종류의

염기로 이루어진 뉴클레오타이드 4가지만으로 매우 복잡한 사람의 정보를 표현하는 건 무리라고 여겼던 거야. 복잡한 사람을 제대로 표현하려면 기본 물질도 복잡해야 한다는 선입견이 있었던 거였지.

당시 과학자들은 DNA보다 단백질이 구조도 복잡하고 종류도 많아서 사람의 복잡한 정보를 표현하기에 적당하다고 생각했어. 하지만 유전 정보가 어떤 방식으로 부모에서 자식으로 전해지는지 정확히 알 수 없었지.

여러 과학자의 연구를 통해 유전물질은 단백질이 아니라 DNA라는 사실이 거의 확실해진 건 1940년대였어. 그다음부터는 '최초의 DNA 구조 발견자'라는 영예를 거머쥐기 위한 과학자들간의 치열한 경쟁이 벌어졌지.

드디어 1953년, 제임스 왓슨과 프랜시스 크릭은 DNA가 이중나선으로 꼬인 구조라는 것과 DNA가 어떻게 유전 정보를 자손에 전달하는지 그 방식을 밝혀냈어. 이로써 DNA는 유전물질로 확실히 인정받게 됐지.

그런데 흥미로운 사실은 왓슨과 크릭이 직접 실험을 해서 이 결과를 얻은 것이 아니라, 다른 과학자들이 이미 발표했던 DNA에 관한 연구 결과를 이용했다는 거야. 어쨌든 후대의 학자들은 왓슨과 크릭의 빛나는 과학적 상상과 통찰이 어우러져 인류 역사에 빛나는 대단한 발견을 했다고 평가했지. 그들이 DNA 분자 구조에 관한 논문을 발표한 1953년 4월 25일은 '분자생물학'이라는 새로운 학문이 태어난 날이라고 기억되고 있어.

왓슨과 크릭이 중요하게 여겼던 자료 중 한 가지는 모든 생물체에서 '아데닌의 농도는 티민과 같고, 구아닌의 농도는 시토신과 같다'는 사실이야. 왓슨과 크릭은 아데닌과 티

DNA모형 앞에 선
왓슨(왼쪽)과 크릭(오른쪽)

민 그리고 구아닌과 사이토신이 마주 보아야 이중나선 폭에 딱 들어맞지만, 아데닌과 구아닌 혹은 티민과 시토신이 서로 마주 보면 이중나선 폭에 들어맞지 않는다는 것을 발견했어.

 그리고 그들이 DNA 구조를 밝힐 수 있었던 또 하나의 근거는 모리스 윌킨스와 로잘린드 프랭클린이 찍었던 DNA 'X-선 회절' 사진이었어. 이 사진에서 왓슨과 크릭은 두 가닥의 DNA가 이중나선으로 꼬여 있다는 결정적 힌트를 얻을 수 있었다고 해.

  그런데 이 사진은 원래 프랭클린이 찍은 것이었어. 하지만 그녀와 사이가 좋지 않았던 윌킨스가 허락도 받지 않고 왓슨과 크릭에게 그 사진을 보여 주었고, 그들은 이 사진에서 단서를 얻어 나선형 DNA 모델을 만들게 된 거야. 이 때문에 그들은 다른 사람의 연구 결과를 무단으로 도용한 것이 아니냐는 비난을 받기도 했어.

당시에는 여성 과학자가 드물었고, 제대로 된 평가도 받지 못하는 등 차별이 심했지. 그 가운데에서 열심히 연구하던 프랭클린은 DNA 연구에서 어떤 영광도 받지 못하고 37살의 젊은 나이에 암으로 세상을 떠나면서 비운의 과학자로 남고 말았어. 반면에 왓슨과 크릭 그리고 윌킨스는 1962년 DNA 구조 발견의 공로를 인정받아 공동으로 노벨 생리의학상을 받았단다.

DNA의 이중나선 구조를 좀 더 자세히 살펴보면, 아데닌은 티민과 짝을 이루고 구아닌은 시토신과 짝을 이루고 있어. 아데닌은 티민과 그리고 구아닌은 시토신과 손을 잡고 있다고 생각하면 될 거야. DNA는 전체적인 모양새가 마치 사다리를 비틀어 놓은 것과 비슷해. 염기 두 개가 만난 것이 사다리 가로대를 이루고 있는 셈이야.

염기가 배열된 순서는 일종의 암호 같은 역할을 하고 있어. 이 암호는 4개의 염기 중 3개의 염기로 이루어지는데, 이를 '코돈'이라고 부르지. 즉 티민T-구아닌G-아데닌A 혹은 구아닌G-시토신C-시토신C 같은 식이야. 코돈은 단백질을 만드는 데 핵심적인 레시피 역할을 하는데, 이건 다음에 자세히 알아볼게.

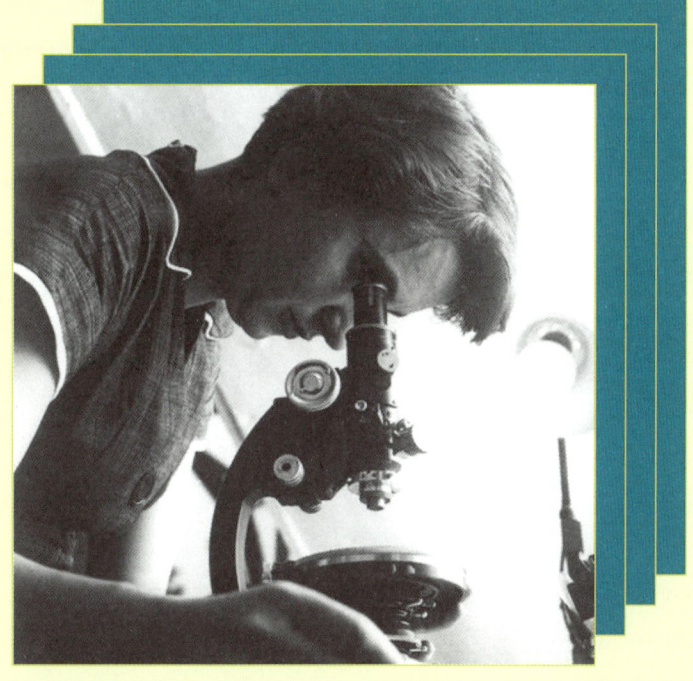

로잘린드 프랭클린

재미난 사실 한 가지! 어떤 사람 몸속에 들어 있는 모든 세포의 DNA를 모두 꺼내서 한 줄로 이어 붙이면 그 길이는 얼마나 될까? 놀랍게도 약 2천억km나 된다고 해. 지구와 태양 사이의 거리가 약 1억 5천만km니까, DNA의 총 길이는 지구에서 태양을 무려 1,300번 이상을 왕복할 수 있을 정도인 거야.

알아두면 힘이 되는 의학 용어 풀이

난자   여성의 난소에서 만들어지는 생식세포.

정자   남성의 고환에서 만들어지는 생식세포.

세포   모든 생물체의 기본 단위. 세포막으로 둘러싸인 세포질로 구성되며 단백질이나 핵산 등 많은 분자를 포함함.

핵   세포의 유전 정보를 담고 있는 부분. 핵막으로 둘러싸임.

염색체   핵 속에 존재하는 생명체의 유전 정보를 담고 있는 구조물. DNA와 단백질로 이루어짐.

단백질   아미노산이 결합해 이루어진 고분자 화합물. 생물체의 구성 성분 중 하나이며 생명 유지에 꼭 필요한 역할을 함.

핵산   생물체의 유전 정보를 담고 있는 고분자 화합물로, DNA와 RNA로 나눌 수 있음.

세포가 살아가는 데 필요한 온갖 궂은일을 하는 건 바로 단백질이야. 세포의 부지런한 일꾼 단백질은 무엇이든 만들어 내는 마법사와 같지.

3

세포의 부지런한 일꾼 단백질

세포가 살아가는 데 필요한 온갖 궂은일을 하는 건 바로 단백질이야. 세포의 부지런한 일꾼 단백질은 무엇이든 만들어 내는 마법사와 같지.

　세포 안으로 해로운 물질이나 바이러스 같은 것이 함부로 들어오지 못하게 지키는 문지기 역할도 하고, 세포의 구조와 모양을 만드는 건축가 역할도 하고, 화학반응을 통해 다양한 물질을 만들어 내는 요리사 역할도 하는 등 특별하고 마법 같은 능력을 갖춘 단백질 때문에 세포는 잘 살아갈 수 있는 거란다.

DNA에 담긴 암호문의 정체

이렇게 중요한 단백질은 어떻게 만들어질까? 단백질 만드는 과정은 레고를 조립하는 과정과 비슷한데 그 과정을 살펴보려면 핵 속으로 들어가야 해.

핵에는 유전 정보를 품고 있는 DNA가 있어. 건축물을 지을 때 쓰이는 도면처럼 DNA에는 단백질을 만드는 데 필요한 모든 지침서가 들어 있는 거야. 이 도면에서 정보는 앞에서 살펴봤듯이 아데닌, 티민, 구아닌, 시토신 등 4가지 염기가 결합한 순서를 말해. 즉 DNA는 뉴클레오타이드라는 레고 조각 4가지를 어떤 순서로 배열했느냐에 따라 그 정보가 달라지는 거야.

DNA의 암호는 3개의 염기를 단위로 해서 구성되고 이것을 **코돈**이라고 말했던 것 기억하지? 코돈은 단백질을 구성하는 **아미노산**을 만들도록 지시하는 DNA의 명령문이라고 할 수 있어.

예를 들어 빨간색 레고 조각을 A, 주황색 레고 조각을 T, 노란색 레고 조각을 G 그리고 초록색 레고 조각을 C라고 해 보자. 노란색-초록색-노란색 레고 조각, 즉 G-C-G로 배열된 코돈은 '알라닌'이라는 아미노산을 만들라고 지시해. 또 초록색-초록색-초록색 조각, 즉 C-C-C 순서인 코돈은 '프롤린'이라는 아미노산의 암호야. 이렇게 3개의 염기가 모여 한 가지 아미노산을 나타내는 코돈을 만들게 된단다.

단백질 합성 공장으로 출발!

자, 이제 본격적으로 단백질을 만들어 볼까? 그런데, 한 가지 큰 문제가 생겼어. 단백질을 만드는 중요한 정보가 담긴 도면, 즉 DNA는 핵 밖으로 가지고 나갈 수 없거든. 어떤 도

서관에 세상에 하나뿐인 소중한 책이 있다면, 그 책은 대출할 수 없는 거나 마찬가지야.

어떻게 해야 할까? 도서관의 허락을 받아 책의 필요한 부분을 복사해서 가지고 나가야겠지. 세포도 마찬가지야. DNA에 담긴 정보를 복사해서 그 복사본을 핵 바깥으로 전해야 해. 이때 그 역할을 하는 DNA의 조수는 바로 RNA의 하나인 **전령 RNA**mRNA야. DNA가 전해 준 정보를 받은 mRNA는 핵을 빠져나와 단백질 합성 공장으로 자유롭게 이동할 수 있어.

핵을 떠난 mRNA는 **리보솜**이라는 곳에 도착해. 리보솜은 mRNA에 담긴 정보를 읽고 해독해 새로운 단백질을 만드는 공장이야. 마치 레고 조각을 늘어놓고 조립하는 테이블 같다고 할 수 있지. 리보솜은 3가지 염기로 이루어진 mRNA의 코돈을 보고 그에 맞는 레고 조각, 즉 아미노산을 가져와서 작업을 시작해.

세포 안에 떠돌던 아미노산을 싣고 리보솜으로 배달하는 역할을 하는 건 **운반 RNA**tRNA야. 즉, tRNA는 레고 조각을 가득 싣고 공장에 배달하는 트럭 같은 거지. 아미노산은 단백질을 구성하는 기본 요소야. 정해진 순서대로 아미노산을

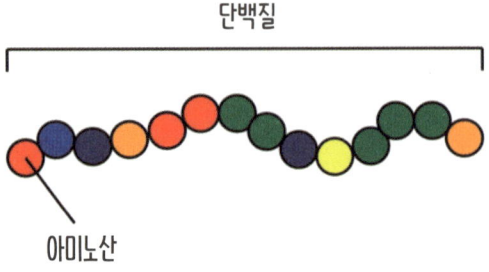

차례차례 하나씩 연결해 결합하면 새로운 단백질이 만들어져. 이 과정은 마치 레고 조각을 하나씩 순서대로 조립해 복잡하고 커다란 레고 완성품을 만드는 것과 매우 비슷하다고

할 수 있어.

  정리하면, DNA에 있던 정보는 mRNA로 옮겨져 리보솜으로 전달되고, 이를 바탕으로 리보솜에서는 tRNA가 공급한 아미노산을 원료 삼아 단백질을 만드는 거야. 즉 DNA → RNA → 단백질, 이 순서로 이루어지지. 레고 조각을 잘못 맞추면 엉뚱한 결과물이 나오는 것과 마찬가지로 단백질도 아미노산을 순서에 맞게 올바로 연결해야 제대로 기능하는 단백질을 만들

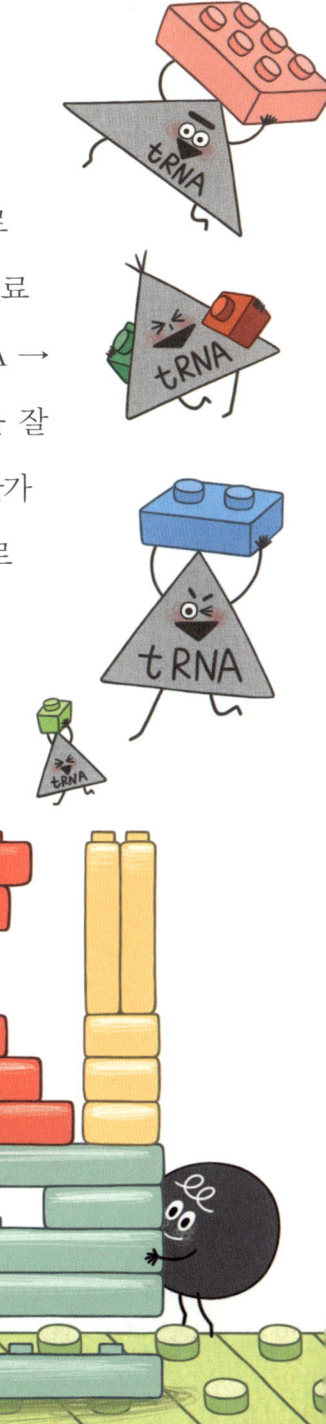

수 있어. 이렇게 만들어진 단백질은 세포 안의 다른 분자와 함께 다양한 역할을 하게 되지.

DNA에 문제가 생기면?

그러고 보면, DNA가 하는 일은 결국 단백질을 만드는 데 필요한 정보를 제공해 주는 것에 불과하다고 생각할 수도 있을 것 같아. 단백질이 그렇게 중요하냐고? 맞아. 한 가지 예를 들어본다면, 앞에서 알아본 효소의 존재를 들 수 있어. 세포로 이루어진 생명체가 살아가려면 세포 안에서 무수히 많은 화학반응이 쉴 새 없이 잘 일어나야 하는데, 이 반응의 촉매 역할을 하는 게 효소잖아.

세포 하나가 가진 효소 숫자만 해도 약 1,300개이고, 우리 몸속에 있는 효소는 약 75,000개나 된다고 알려졌으니, 이 효소들이 매개하는 화학반응의 숫자는 엄청나게 많을 거야. 효소는 단백질이고, 효소의 운명은 DNA가 쥐고 있는 셈이지. 만약 DNA에 담긴 암호가 올바르지 않다면 우리 몸에 엄청 곤란한 일이 생기게 돼. 제대로 된 단백질이 만들어지지 못할 테니, 세포가 정상적으로 살아가기는 매우 어려

워질 거야.

  DNA에 문제가 생기면 암, 유전병 그리고 선천성 질병이나 기형 같은 다양한 질병이 발생할 수 있어. 특히 우리 몸을 외부 침입자로부터 보호하는 역할을 하는 면역계에는 단백질이 매우 중요한 역할을 해. 단백질에 결함이 생겨 면역 시스템이 고장 나면 우리는 감염병에 걸릴 가능성이 커지거든.

  태어날 때부터 면역계의 기능이 떨어져 있는 질환을 '선천성 면역결핍증'이라고 해. 우리나라에서 인구 10만 명당 1명꼴로 발생하는 선천성 면역결핍증은 골수 이식이나 항생제 투여 등으로 치료하고 있지만, 여전히 완치는 어려운 병이야. 외국에서는 유전자 치료도 시도하고 있다고 하니, 조만간 좋은 소식이 들리기를 기대해야 할 것 같아.

  그런데 재미난 사실 하나 알려 줄까? 머리 스타일에 변화를 주고 싶을 때 하는 파마의 원리도 단백질을 변형하는 거야. 머리카락의 주성분은 '케라틴'이라는 단백질인데 케라틴 단백질은 두 개의 황이 서로 다리처럼 연결하고 있어. 머리카락을 태울 때 나는 냄새가 바로 황이 타는 냄새야. 머리카락에 파마 약을 바르면 황의 결합이 끊어져 머리를 이루는 단백질이 말랑말랑해지지. 이 상태의 머리를 원하는 대로 모양을 내고 그대로 굳히면 새로운 스타일의 머리가 탄생하는 거란다. 어때, 신기하지?

알아두면 힘이 되는 의학 용어 풀이

코돈 DNA의 염기가 3개 늘어선 것. 유전자 발현에서 하나의 아미노산을 지정하는 역할을 함.

아미노산 단백질을 구성하는 기본 단위. 생명체의 구성 성분으로서 생명 유지에 필수적인 역할을 함.

전령 RNA messenger RNA, mRNA DNA의 유전 정보를 단백질로 전달하는 역할을 하는 RNA.

리보솜 아미노산을 연결해 단백질을 만드는 세포 내 소기관.

운반 RNA transfer RNA, tRNA 단백질을 만드는 과정에서 아미노산을 리보솜으로 운반하는 역할을 하는 RNA.

길이나 디자인을 살짝만 바꾸면 옷을 바꿀 수 있듯이 생명체의 유전자도 적절한 수정과정을 거치면 우리가 원하는 대로 기능을 개선하거나 특성을 바꿀 수 있어. 이런 기술을 '유전자재조합'이라고 해.

4
스파이더맨처럼 거미줄을 쏴 볼까?

옷장에 오랫동안 입지 않고 있는 고급스러운 옷이 있다면 어떻게 해야 할까? 필요한 사람에게 나눔을 하거나 다른 옷으로 고쳐 입는 방법이 있을 거야.

긴 코트라면 길이를 잘라내 요즘 유행하는 짧은 스타일로 만들고, 원피스라면 컬러를 떼어내고 목 부분에 예쁜 장식을 하나 달아도 좋겠지. 바지라면 아랫단에 알록달록한 헝겊을 덧대보는 것도 방법이고. 와, 버리려고 했던 옷이 멋진 옷으로 다시 탄생했네. 우리 몸 유전자도 이렇게 고쳐서 기능을 더 좋게 하면 어떨까?

유전자재조합 기술

길이나 디자인을 살짝만 바꾸면 완전 새로운 옷이 되듯이 생명체의 유전자도 적절한 수정과정을 거치면 우리가 원하는 대로 기능을 개선하거나 특성을 바꿀 수 있어. 이런 기술을 **유전자재조합**이라고 해.

 유전자재조합 기술은 생명공학의 가장 중심이 되는 기술이야. 이 기술을 이용하면 우리가 원하는 단백질을 세균에게 시켜서 만들게 할 수도 있어. 우선 사람에서 추출한 DNA를 특별한 효소로 원하는 부분을 잘라 작은 DNA 조각을 만들어. 이 DNA 조각을 '플라스미드'를 같은 효소로 자

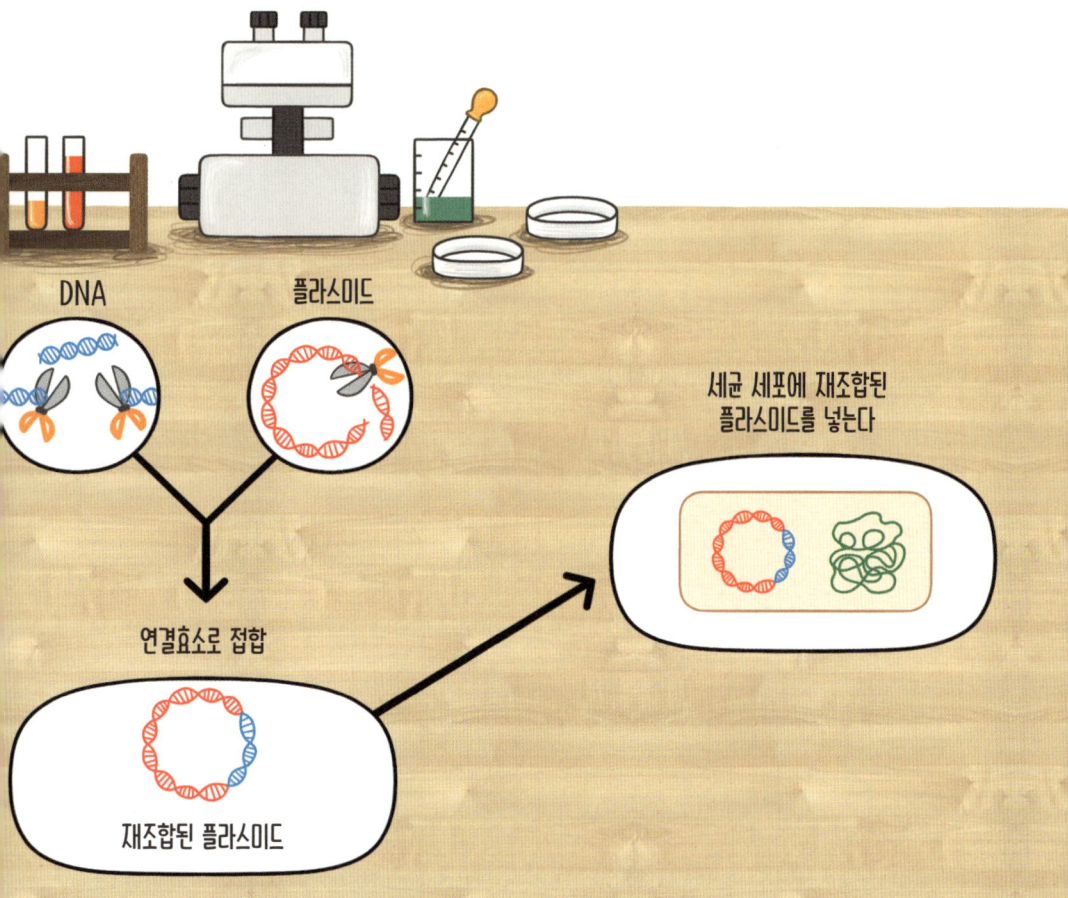

른 곳에 집어넣어 합치면 새로운 '재조합 DNA'가 만들어지는 거야.

플라스미드는 세균의 염색체 DNA와는 관계없이 별개로 존재하고 독립적으로 복제되는 조그맣고 동그란 DNA 분자를 말해. 플라스미드는 재조합 DNA를 만들고 이를 세균에 전해 주는 역할을 한다고 생각하면 될 거야.

마지막 단계는 이 재조합 DNA를 세균 세포에 집어넣는 거야. 새로 만들어진 재조합 DNA를 받은 세균은 멋도 모르고 그 유전자가 지시하는 대로 단백질을 만들지. 이런 식으로 재조합 DNA를 만드는 기술을 **유전자클로닝**이라고도 불러. 조금 어렵지? 찬찬히 살펴보자.

유전자클로닝은, 이를테면 음악가가 한 작품에서 사용한 아름다운 멜로디를 다른 작품을 만들 때 다시 사용하는 것과 같다고 할 수 있어.

　슈베르트는 20세가 되던 1817년에 〈송어〉라는 가곡을 작곡했어. 그는 이 아름다운 선율을 한 번만 쓰기에는 아까웠는지 2년 후 피아노 5중주 4악장 '주제와 변주곡'의 주제로 삼았지. 그래서 이 5중주에도 〈송어〉라는 이름이 붙었어.

　어쨌든, <u>어떤 생명체의 유전자를 선택해 복사하고 다른 생명체에 집어넣어 새로운 특성을 가진 생명체를 만드는 과정이 유전자클로닝인 거야.</u>

　그리고 사람 DNA에서 우리가 원하는 특정한 부분만 자르려면 DNA를 자르는 가위가 필요하겠지? 가위 역할을 하는 효소를 '제한효소'라고 불러. **제한효소**는 DNA의 특정한 서열을 인식하고 잘라낼 수 있어. 마치 열쇠와 자물쇠 같은 관계라고 할 수 있지.

　사람 유전자의 DNA를 잘랐으면 이 DNA를 실어 나르는 버스 역할을 하는 플라스미드도 같은 제한효소로 잘라야 해. 그런 다음 잘라낸 사람 DNA 조각을 **DNA 연결효소**DNA를 붙이는 풀 역할을 하는 효소를 이용해서 플라스미드에 붙이면 사람의 DNA가 들어간 플라스미드, 즉 새로운 재조합 DNA가 만들어지는 거야.

우리가 원하는 유전자를 삽입해서 만들어진 재조합 DNA를 삼킨 세균은 전과는 다른 세균으로 다시 태어나게 돼. 세균은 새로 들어온 유전자를 자기 것으로 생각해 이 유전자가 시키는 대로 단백질을 만들지. 세균은 원하지 않았겠지만 우리의 충실한 종이 되는 거야.

유전자재조합 기술로 탄생한 스파이더맨

우리가 좋아하는 마블 영화 〈스파이더맨〉에서도 유전자재조합 기술을 만날 수 있어. 고등학생 피터 파커는 컬럼비아 대학교 거미 박물관을 견학하다가 거미에 손등을 물렸지.

그런데 그 거미는 유전자재조합 기술로 만들어진 특별한 능력을 갖춘 슈퍼 거미였던 거야.

집으로 돌아와 정신을 잃고 쓰러진 피터의 몸 안에서는 유전자재조합 과정이 일어나게 돼. 거미의 유전자가 피터의 유전자와 합쳐지게 되는 거지.

정신을 차린 피터는 거미처럼 건물 벽을 기어오르고 손목에서 거미줄을 마음대로 내뿜을 수 있는 초능력이 생겼다는 것을 알게 돼. 거미줄에 매달려 건물과 건물 사이를 타잔처럼 누비고 다닐 수 있게 된 거야. 스파이더맨은 자신의 초능력을 이용해 약한 사람들을 괴롭히는 악당을 물리치는 슈퍼히어로가 되었고, 이 영화는 전 세계적인 인기를 끌었어.

그런데 재미난 사실은 스파이더맨 원작에는 거미가 유전자재조합으로 만들어진 것이 아니라 방사능에 오염되어 돌연변이가 일어난 것으로 묘사되었다는 거야. 원작이 발표된 1962년에는 유전자재조합 기술이 알려지기 전이었고, 이 기술이 개발된 건 1973년이거든. 〈스파이더맨〉 영화는 그 이후인 2002년에 만들어졌으니 기술의 발전에 따라 내용을 수정했던 거였어.

알아두면 힘이 되는 의학 용어 풀이

유전자재조합   유전자를 이루는 요소인 DNA와 RNA가 원래 서열과는 다르게 뒤바뀌는 과정.

플라스미드   세균의 세포 내에 염색체와는 별도로 존재하고 독자적으로 복제되는 원형 DNA. 생명공학 분야에서 중요한 유전자 운반체로 사용됨.

유전자클로닝   원하는 유전자를 복제해 대량으로 생산하는 기술.

제한효소   DNA의 특정 서열을 자르는 효소. 바이러스의 침입으로부터 자신을 보호하기 위해 세균이 생산하는 효소임.

DNA 연결효소   두 가닥의 DNA를 연결하는 효소.

인슐린을 당뇨병 환자 치료에 처음으로 사용한 건 1922년이었어. 당시만 해도 당뇨병은 아무런 치료법이 없었기 때문에 일단 병에 걸리면 사형선고나 다름없는 아주 무서운 병이었지.

알레르기 없는 인슐린을 만들어라!

5

췌장에서 인슐린을 만들지 못하는 제1형 당뇨병 환자들은 수시로 인슐린 주사를 맞아야만 살아갈 수 있어. 그런데 예전에 환자들이 맞았던 인슐린은 돼지의 췌장에서 추출한 것이었어. 하지만 돼지의 인슐린은 사람과 완전히 똑같지는 않아서 **알레르기** 반응으로 고생을 하는 사람들이 많았지.

이런 걱정이 사라진 건 1990년대 중반, 사람 인슐린을 이용할 수 있게 되면서야. 이제부터 당뇨병 환자에게 인슐린은 왜 중요한 약인지 그리고 사람 인슐린은 어떻게 만드는 것인지 알아보자.

인슐린과 당뇨병

인슐린은 췌장에서 만드는 아주 중요한 호르몬이야. 세상 어느 기계보다 복잡한 우리 몸이 잘 돌아가도록 하려면 적절한 에너지 공급이 중요해. 자동차의 휘발유처럼 우리가 먹는 음식은 몸이 사용하는 연료가 되는 거야.

　이때 인슐린은 자동차의 액셀 페달 같은 역할을 한다고 생각하면 돼. 액셀을 밟으면 휘발유가 엔진으로 들어가 자동차가 움직이는 것처럼 인슐린은 음식을 먹어 늘어난 혈액 속의 당을 세포 안으로 운반해 연료로 사용하게 만드는 거야. 다시 말하면, 인슐린은 우리 몸의 에너지 관리인이라고 할 수 있어.

췌장의 위치와 구조

간　위
십이지장
췌장

십이지장　췌장
머리　몸통　꼬리

그런데 관리인이 일을 제대로 하지 않거나 아예 없다면 어떻게 될까? 음식을 먹어 에너지를 충분히 공급하면 혈액 속의 당이 많이 늘어나지만, 인슐린 작용이 시원치 않아 당이 세포 안으로 제대로 들어가지 못하면 세포는 에너지를 충분히 얻지 못할 것이고 우리 몸은 기운을 낼 수 없을 거야.

당뇨병 환자는 이렇게 우리 몸의 에너지 공급과 저장을 책임지고 있는 인슐린에 문제가 생긴 것을 말해.

당뇨병에는 두 가지 종류가 있어. 하나는 췌장이 만드는 인슐린의 양이 충분하지 않아 생기는 제1형 당뇨병이고 또 다른 하나는 세포가 인슐린에 적절히 반응하지 않아 발생하는 제2형 당뇨병이야.

혈액 속의 당이 세포 안으로 들어갈 수 없으니, 혈당 수치는 상승하고 세포는 당이 없어 굶주리는 상황이 되어 우리 몸에 많은 문제가 발생하게 되지. 특히 제1형 당뇨병 환자의 유일한 치료법은 부족한 인슐린을 계속 보충하는 것밖에 없어.

인슐린을 당뇨병 환자 치료에 처음으로 사용한 때는 1922년이었어. 당시만 해도 당뇨병은 아무런 치료법이 없었기 때문에 일단 걸리면 사형선고나 다름없는 아주 무서운 병이었지.

　캐나다의 의사였던 프레더릭 밴팅과 찰스 베스트는 제1형 당뇨병으로 사경을 헤매던 14세 소년 톰슨에게 인슐린을 주사해 생명을 구하는 데 성공했어. 그런데 그들은 사람이 아닌 소나 돼지의 췌장에서 추출한 인슐린을 사용했다고 해. 당시에는 아직 사람의 인슐린을 구할 수 있는 방법이 없었기 때문이야.

　그런데 문제는 사람 인슐린과 다른 동물 인슐린은 아미노산 배열이 똑같지는 않았다는 거였어. 사람 인슐린은 소 인슐린과는 3개의 아미노산이 다르고, 돼지 인슐린과는 1개의 아미노산이 달랐지. 그나마 소 인슐린보다 돼지 인슐린을 사용하는 것이 나았기 때문에 돼지에서 얻은 인슐린을 당뇨병 환자에게 주로 사용했어.

　하지만 돼지 인슐린은 일부 사람들에게서 알레르기 반응을 일으켰고 생산량도 많지 않아서 늘 공급이 부족했지. 이런 문제를 해결해 준 것이 바로 유전자재조합 기술이야.

인슐린을 발견한
프레더릭 밴팅

인슐린을 생산하는 공장의 공장장, 세균

사람의 인슐린과 똑같은 인슐린을 유전자재조합 기술을 사용해 생산할 수 있게 되면서 생명공학의 시대가 본격적으로 열리게 되었어. 1973년 이 기술을 최초로 개발한 사람은 미국의 생명과학자 허버트 보이어와 스탠리 코언이야.

1982년 미국의 식품의약국은 당뇨병으로 고통 받고 있던 수많은 환자의 치료 방식을 혁신적으로 바꿀 의약품인 '휴물린'의 판매를 정식으로 승인했어. 휴물린은 **대장균**이 만들어 낸, 사람 인슐린이야. 사람의 췌장에서만 만들 수 있는 사람 인슐린을 어떻게 대장균이 만들 수 있었을까?

원리는 앞에서 설명했던 것과 같아. 사람 인슐린을 생산하는 세균을 만드는 법을 정리해 볼게. 이 기술은 일종의 퍼즐 맞추기 게임이라고 생각해도 좋아.

먼저 사람의 췌장 세포에서 인슐린 유전자를 얻고 세균에서 플라스미드를 분리해야 해. 퍼즐 조각을 자르고 재배치하는 것처럼 인슐린 유전자와 플라스미드를 같은 제한효소로 잘라. 그러면 잘린 인슐린 유전자와 플라스미드는 끝부분이 서로 완벽하게 일치하게 돼.

다음은 퍼즐 조각을 풀로 붙이듯이 인슐린 유전자 조각과 잘린 플라스미드를 붙이는 단계인데, 이때 사용하는 효소는 DNA 연결효소야.

이제 우리는 사람 인슐린을 만들어 내는 정보를 담은 재조합 플라스미드를 갖게 되었어. 이 재조합 플라스미드는

사람 인슐린을 만드는 과정

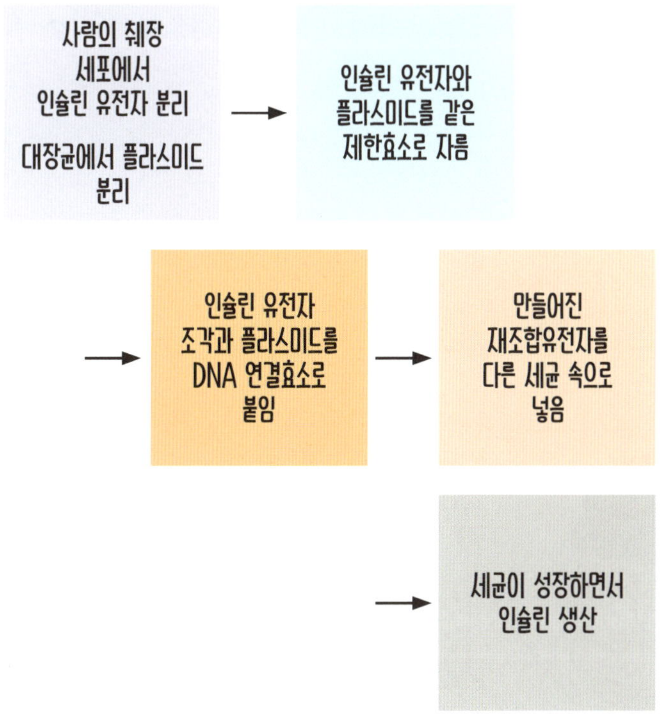

| 사람의 췌장 세포에서 인슐린 유전자 분리
대장균에서 플라스미드 분리 | → | 인슐린 유전자와 플라스미드를 같은 제한효소로 자름 |

→ 인슐린 유전자 조각과 플라스미드를 DNA 연결효소로 붙임 → 만들어진 재조합유전자를 다른 세균 속으로 넣음

→ 세균이 성장하면서 인슐린 생산

컴퓨터와 컴퓨터 사이에서 정보를 전달해 주는 USB 드라이브 같은 역할을 하는 거야.

이제 새로이 만들어진 재조합유전자를 다른 세균 속으로 집어넣어야 해. 그림과 같이 유전자를 대장균 속에 집어넣으면, 그 세균의 신분은 인슐린 생산 공장의 공장장으로 바뀌는 거지. 사실 세균은 전혀 모르겠지만 말이야. 세균은 성장하고 증식하면서 인슐린을 계속해서 만들어. 우리가 할 일은 세균을 충분히 많이 증식시킨 다음 한꺼번에 모아서 세균이 생산한 인슐린을 분리해 내는 거야. 즉 사람이 할 일

을 세균에게 시켜서 하는 거지. 정말 신기하지?

  재조합유전자 기술을 사용한 사람 인슐린의 생산은 의학 분야에 혁명적인 변화를 가져온 중요한 사건이었어. 우리나라에서도 이 기술로 만든 인슐린을 1996년 처음으로 판매함으로써 유전자재조합 기술을 사용해 인슐린을 생산하는 나라 중 하나가 되었지.

더 나은 치료를 약속하는 레드 바이오

사람 인슐린의 생산은 시작에 불과했어. 그 이후 유전자재조합 기술을 사용한 다양한 생명공학 제품이 개발되어 의학과 약학 분야에 널리 쓰이고 있거든. 이처럼 생명공학 기술을 의학 및 약학 분야에 응용한 것을 **레드 바이오**Red Biotechnology라고 불러. 레드라는 이름은 피의 빨간색을 본떠 붙여진 이름이야.

  레드 바이오에서는 생명공학 기술을 사용해 질병을 효과적으로 진단하고, 치료하고, 또 예방하기 위한 여러 가지 의약품을 개발하고 있어. 예를 들면 성장을 촉진하는 호르몬인 유전자재조합 성장호르몬, 혈우병 출혈이 잘 멈추지 않는 유전

질환을 치료하는 유전자 치료제, 암세포만 골라 직접 죽이는 항암제, 그리고 질병 예방에 사용하는 유전자재조합 백신 등이야. 이를 통해 개별 환자에게 딱 맞는 맞춤형 치료가 가능할 것으로 기대되고 있지.

　레드 바이오 기술을 이용해 개발한 의약품은 기존의 의약품에 비해 효과적이고 안전한 것으로 생각돼. 하지만 개발 비용이 많이 들고 생산량이 적어 가격이 비싸다는 단점도 있지. 레드 바이오 기술은 아직 완성 단계는 아니라서 가야 할 길이 멀지만, 무한한 잠재력을 지닌 것으로 평가받고 있어. 앞으로 이 기술로 탄생할 의약품은 환자들에게 더 나은 치료를 제공하게 될 거야.

알아두면 힘이 되는 의학 용어 풀이

알레르기 우리 몸의 면역 체계가 땅콩, 꽃가루, 동물의 털, 약 등 일반적으로 해롭지 않은 물질에 과민반응을 하는 것. 가려움이나 두드러기 등의 증상을 유발함.

인슐린 췌장의 베타세포에서 만들어 분비하는 호르몬. 혈액에서 포도당을 세포 내로 옮겨 혈당을 조절하는 등 탄수화물과 지방의 대사에 중요한 역할을 함.

당뇨병 소변으로 포도당이 배출된다고 하여 이름이 붙여진 병. 인슐린 분비량이 부족하거나 정상적으로 기능하지 않아 발생함.

대장균 동물과 사람의 대장에서 발견되는 세균 중 하나. 대부분 해롭지 않지만, 일부 변종은 사람의 식중독을 유발할 수 있음. 생명공학 분야에서 유전자재조합을 통해 원하는 유전자를 만드는 데 사용함.

레드 바이오 Red Biotechnology 유전자재조합 기술 같은 생명공학 기술을 의학이나 약학 분야에 응용해 암과 같은 난치병 치료를 위한 바이오의약품을 개발하는 분야.

영화 〈쥬라기 공원〉 속의 과학자들은 나무 수액 속에 갇혔던 모기의 몸에서 피를 뽑아 그 안에서 고이 잠자고 있던 공룡의 DNA를 추출했지. 이렇게 얻은 공룡 DNA를 이용해 마침내 멸종되었던 공룡을 되살릴 수 있었어.

6
1만 년 전에 멸종한 매머드를 되살릴 수 있을까?

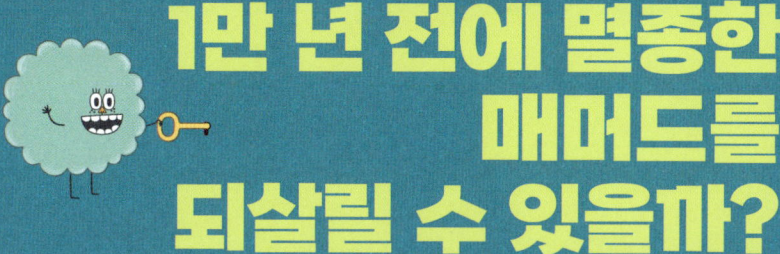

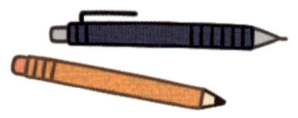

오래전인 1993년에 개봉한 영화 〈쥬라기 공원〉이나 몇 년 전에 개봉한 〈쥬라기 월드〉를 본 적이 있어? 정확한 표현은 '쥐라기'가 맞지만 여기서는 영화 제목 그대로 사용할게.

이들 영화에서는 과학자들이 옛날 옛적에 살았던 공룡의 DNA를 추출해서 다시 지구상에 부활시키지. 이렇게 살아난 공룡들이 뛰어다니는 테마파크의 이름이 '쥬라기 공원'인 거야.

하지만 공룡들은 과학자들이 전혀 예측하지 못했던 행동과 공격성을 보였고, 공원은 그야말로 아비규환의 소용돌이가 되어 버려. 그런데 진짜로 오래전에 멸종한 공룡을 현대에 되살리는 일이 가능한 걸까? 그렇다면 그 원리는 무엇일까?

멸종 동물 복원 프로젝트

영화 〈쥬라기 공원〉에서는 어떻게 공룡을 되살렸을까? 아주 오래전, 공룡 피를 빨았던 모기가 나뭇가지에 앉아 쉬고 있었어. 하지만 나무 수액이 순식간에 모기를 덮쳤고 모기는 비명을 지를 새도 없이 그 안에 갇히고 말았지.

시간이 흘러 수액은 '호박'이라는 보석이 되었고, 광부들이 채취한 호박 안의 모기는 마침내 세상 빛을 보게 되었어. 과학자들은 모기의 몸에서 피를 뽑아 그 안에 고이 잠자고 있던 공룡의 DNA를 추출했지. 이렇게 얻은 공룡 DNA를 이용해 마침내 멸종되었던 공룡을 되살릴 수 있었어. 어때? 굉장히 황당한 이야기 같지 않아? 하지만 이론적으로는 가능하다고 할 수 있어.

멸종된 동물을 되살릴 수도 있다는 희망을 안겨 준 연구는 1996년 영국에서 태어난 최초의 **복제동물**인 복제 양 '돌리'였어.

자연에서 양이 태어나려면 아빠 양과 엄마 양이 필요하지만, 돌리는 아빠 양은 없고 엄마 양의 젖샘에서 얻은 **체세포**에서 태어났지. 즉 엄마를 똑같이 복사해서 붙인 거나 마찬가지인 새끼가 된 거야. 그런데 돌리의 엄마는 정확하게 말하면 셋이었어. 체세포를 준 양, 난자를 제공한 양 그리고 자궁을 빌려준 양, 이렇게 말이야.

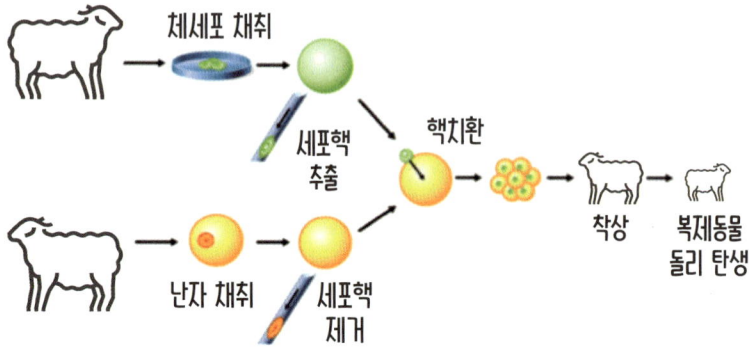

　복제 양 돌리에 사용됐던 것과 같은 방법으로 잠시나마 되살아났던 멸종 동물로는 스페인 북부에 살던 산양의 일종인 '피레네 아이벡스'가 있어. 피레네 아이벡스는 2000년 공식적으로 멸종되었지.

　과학자들은 마지막 피레네 아이벡스가 죽기 전 채취해 동결 보관하던 피부세포를 이용해 2003년 복제에 성공했어. 하지만 안타깝게도 복제 피레네 아이벡스는 선천성 폐 질환 때문에 태어난 지 7분 만에 세상을 떠나고 말았지.

　하지만 과학자들은 이 실험을 통해 DNA만 얻을 수 있다면 어떤 동물이든 다시 되살릴 수 있다는 가능성을 엿보게 되었어.

　아직 성공 여부는 불확실하지만, 코끼리와 비슷하게 생긴

2003년 복제에 성공했던 멸종동물
피레네 아이벡스

매머드를 되살리려는 연구가 미국과 러시아, 일본 등에서 추진되고 있어. 매머드는 약 1만 년 전에 멸종한 홍적세에 살았던 동물이야.

추운 지역에서 주로 살았기 때문에 비교적 온전한 형태의 사체와 DNA를 얻을 확률이 높아서 멸종 동물 복원 연구에 많이 등장하곤 하지. 시베리아나 북극의 꽁꽁 얼어붙은 땅속에서 잠자던 매머드에서 얻은 DNA를 아시아코끼리의 유전자에 이식해 매머드를 부활시킨다는 계획이야.

영화〈쥬라기 공원〉처럼 매머드가 뛰노는 '홍적세 공원'이 실제로 탄생할 수 있을지 지켜보는 것도 흥미롭겠지?

복제인간은 가능할까?

복제동물 연구가 성공하는 것을 보면서 "과연 복제인간도 가능할까?"라는 의문이 들 거야. 복제인간은 현재의 기술로도 가능하지만, 동물과 달리 인간을 복제하는 건 복잡한 사회적 문제와 윤리적 문제 때문에 아직은 쉽게 접근할 수는 없어.

우선 복제인간을 인간으로 볼 것이냐 아니냐에 사람마다

생각이 다를 수 있어. 또 복제인간을 차별하거나 억압할 가능성도 있지. 인간이 병에 걸렸을 때 복제인간의 **장기**를 떼어 제공한다면 복제인간을 생명체가 아닌 물건으로 취급하는 것이고, 인간의 생명권을 침해하게 되는 거야.

　게다가 복제인간을 우수한 능력의 인재 생산 같은 목적으로 사용한다면 복제인간을 소유한 사람과 그렇지 않은 사람들 사이에 사회적 불평등이 심해질 수 있겠지.

　하지만 복제인간은 사람들의 호기심과 상상력을 자극할 만한 주제라서 영화로도 많이 만들어지고 소설로도 많이 발표되고 있어.

복제인간이 등장하는 영화 중 가장 유명한 것은 2005년 개봉한 〈아일랜드〉야. 커다란 재앙으로 거의 모든 것이 멸종한 21세기 중반의 지구, 자신을 생존자라고 믿는 수백 명의 사람은 겉으로 보기에는 부족할 게 없는 유토피아에서 살고 있지. 그들의 목표는 단 하나. 바로 '아일랜드'에 가는 거야.

하지만 어느 날 주인공 링컨과 조던은 고통스러운 진실을 마주하게 돼. 자신들은 인간이 병에 걸릴 것을 대비해서 장기와 신체 일부를

제공하기 위해 길러진 복제인간임을 알게 된 거지. 과연 자기가 살기 위해 자신을 복제한 인간을 죽여도 되는 걸까?

복제인간이 등장하는 또 다른 영화 〈제미니 맨〉에서는 주인공 헨리가 자기와 똑같이 생긴, 정체를 알 수 없는 인물에 쫓기는 내용을 담고 있어. 결국 헨리는 자기를 추격하는 존재가 그의 DNA를 복제한 젊은 헨리라는 것을 알게 되지. 자기를 복제한 인간에게 쉴 새 없이 쫓기는 기분은 참으로 묘할 것 같아.

한 번 생각해 봐. 내 DNA를 복제해서 태어난 존재는 과연 나일까, 아닐까? 복제인간이 저지른 범죄에 나도 책임이

영화 〈제미니 맨〉 포스터

있을까?

　이처럼 복제인간과 관련해서는 해결해야 할 문제들이 많아. 과학적으로 복제인간이 가능하냐, 아니냐보다는 사회적, 윤리적 문제에 대해 더 깊이 생각해야만 해.

　끝으로 〈쥬라기 공원〉 영화에서 틀린 점을 하나 찾아볼게. 영화 포스터에 등장한 공룡은 티라노사우루스인데 사실 티라노사우루스는 쥬라기 시대2억~1억 4,500만 년 전에 살았던 공룡이 아니라 백악기 후기6,900~6,500만 년 전에 번성했던 공룡이야. 이 영화에 등장했던 다른 공룡들도 마찬가지였고. 즉 영화 제목이 과학적이지는 않았던 거지.

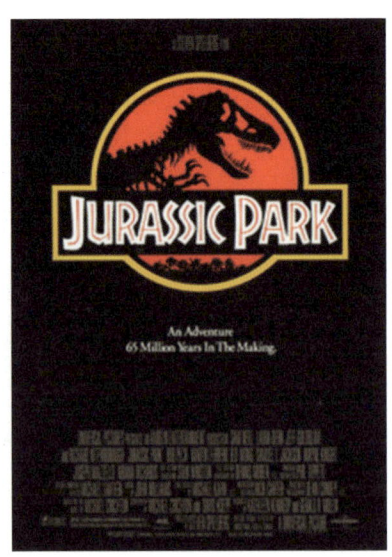

영화 〈쥬라기 공원〉 포스터

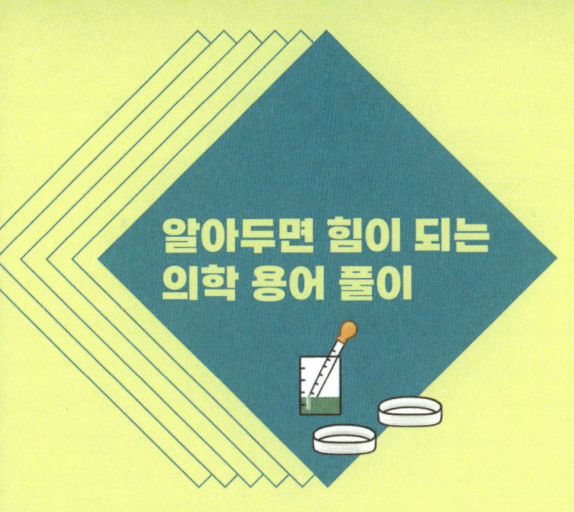

알아두면 힘이 되는 의학 용어 풀이

멸종   어떤 종의 개체수가 더 이상 번식할 수 없을 정도로 줄어들어 더는 존재하지 않게 되는 현상.

복제동물   유전자가 같은 동물.

체세포   생식세포를 제외한 모든 세포. 우리 몸을 구성하는 기본 단위로 신체의 구조와 기능을 유지하는 역할을 함.

복제인간   한 사람의 세포를 이용해 만들어진 또 다른 사람.

장기   우리 몸의 중요한 부분으로 소화기나 호흡기 등 몸 내부에 있는 장기와, 피부나 머리카락 등 몸 외부에 있는 장기로 나눔.

범죄를 다룬 드라마나 영화를 보면 범인이 남긴 핏자국이나 머리카락 세포에서 DNA를 얻어 범인의 신원을 밝히는 장면이 많이 나와. DNA의 양이 부족하면 PCR을 사용해 충분한 양의 DNA를 얻을 수 있어.

7

코로나19 바이러스를 찾아내는 마술, PCR

 코로나19가 크게 유행하면서 신문이나 방송에서 자주 등장한 말 중에 PCRPolymerase Chain Reaction, 중합효소연쇄반응이라는 게 있어. 원래 과학 용어였던 PCR은 코로나19 덕분에 많은 사람 입에 오르내리는 친숙한 용어가 되었지. 코로나19가 한창일 때는 해외로 가려면 PCR 음성 확인서가 필요하기도 했잖아.

 아마 우리나라 국민 중 PCR 검사를 한 번도 받아보지 않은 사람은 거의 없을 것 같아. PCR은 무엇이고 어떻게 코로나19 감염 여부를 알 수 있는 걸까?

PCR의 원리

 범죄를 다룬 드라마나 영화를 보면 범인이 남긴 핏자국이나 머리카락 세포에서 DNA를 얻어 범인의 신원을 밝히는 장면이 많이 나와. 그런데 거기서 얻을 수 있는 DNA의 양은 매우 적기 때문에 정확한 분석이 어려워. 이럴 때 PCR을 사용하면 충분한 양의 DNA를 얻을 수 있어. 즉 PCR은 미세한 양의 DNA를 복제해 증폭하는 과정을 말해.

    PCR은 DNA를 복사하는 기계라고 생각하면 좋을 거야. 원하는 DNA를 증폭하려면 프라이머와 DNA 복제효소(중합효소)가 필요해. 프라이머는 원본 DNA에 붙어서 복제를 시작

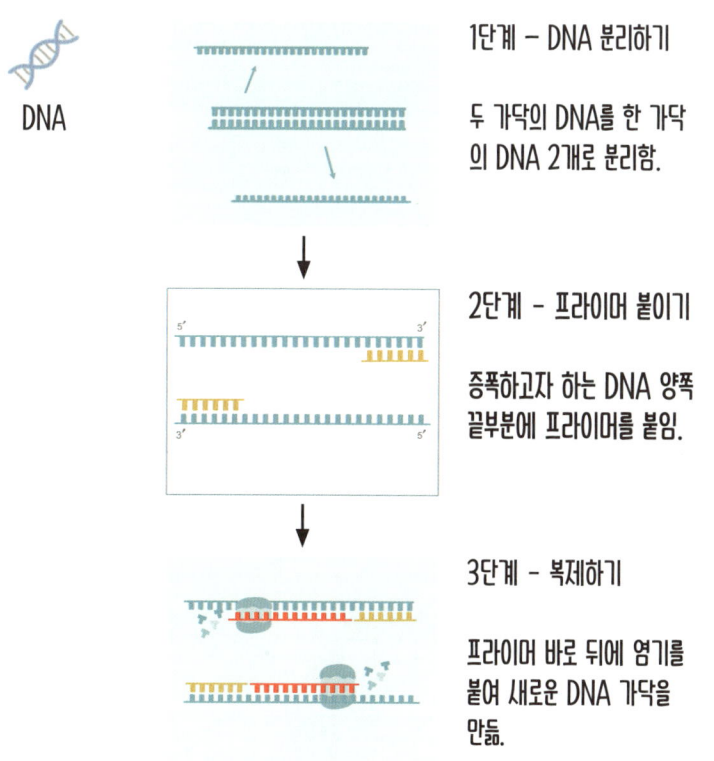

DNA

1단계 - DNA 분리하기

두 가닥의 DNA를 한 가닥의 DNA 2개로 분리함.

2단계 - 프라이머 붙이기

증폭하고자 하는 DNA 양쪽 끝부분에 프라이머를 붙임.

3단계 - 복제하기

프라이머 바로 뒤에 염기를 붙여 새로운 DNA 가닥을 만듦.

하게 만드는 짤막한 DNA 가닥이야. 그리고 DNA 복제효소는 90℃가 넘는 고열을 견뎌야 해. 이 효소는 고온의 온천지대에서 사는 세균에서 찾아냈지.

　PCR은 세 가지 단계로 구성되어 있어. 우선 이중나선인 DNA에 열을 가해서 한 가닥으로 풀어야 해. 그다음에는 원본 DNA의 증폭하고자 하는 부분의 양끝에 프라이머를 붙여. 세 번째 단계는 DNA 복제효소가 프라이머 바로 뒤에 염기들을 하나씩 붙여 나가며 새로운 DNA 가닥을 만드는

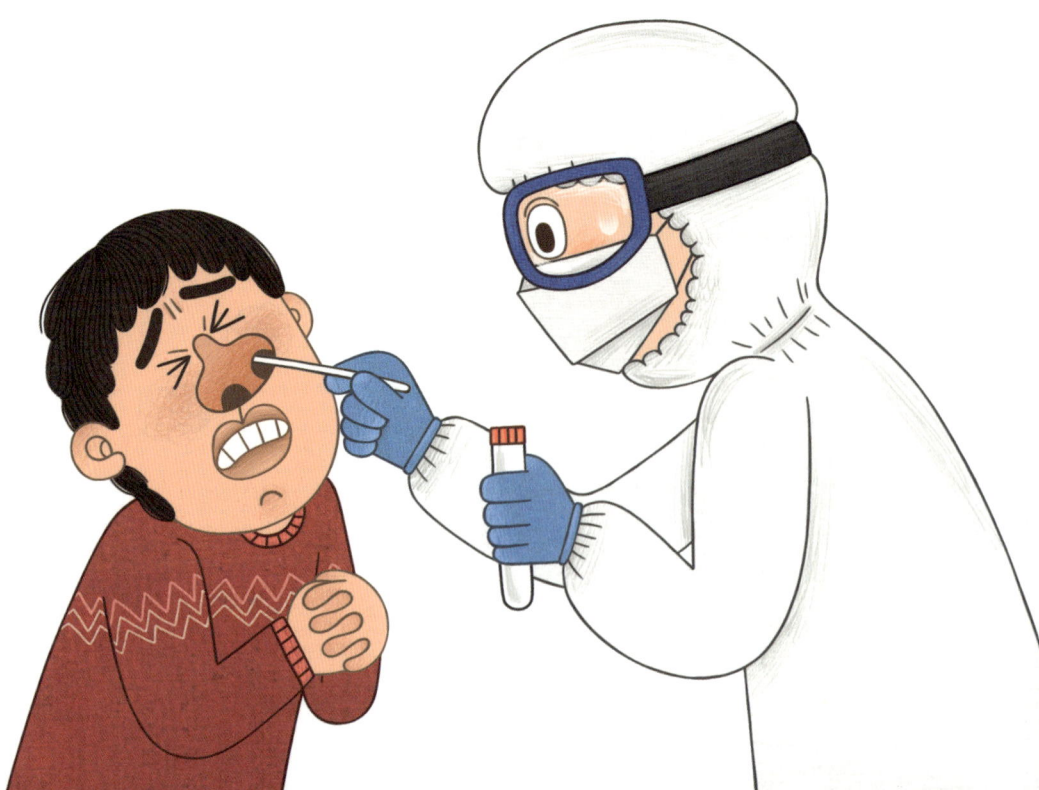

거야.

이 과정이 반복되면 DNA는 2배, 4배, 8배, 16배로 불어나게 돼. 하나의 DNA만 있어도 PCR 반응을 30회 반복하면 DNA 개수는 10억 개 이상으로 늘어나게 되는 거지.

코로나19 바이러스 검사에 쓰이는 검체는 두 가지 방법으로 얻을 수 있어. 하나는 콧구멍 깊숙이 면봉을 넣어 채취한 분비물이고, 다른 하나는 목구멍 안쪽 벽을 긁어서 얻은 분비물이야. 하지만 이 검체에 들어 있는 바이러스 유전자 정보가 워낙 적기 때문에 PCR을 이용해 검출이 가능한 양으로 늘려야 하는 거야.

유레카의 순간 같았던 PCR의 발견

"유레카!"라는 말 들어봤어? "나는 그것을 찾았다."라는 의미가 있는 이 말은 일상에서 뜻밖의 발견을 했을 때 외치는 외마디 비명 같은 거야.

고대 그리스의 수학자 아르키메데스는 목욕탕에 몸을 담갔을 때 넘치는 물의 양이 자기 몸의 부피와 같다는 것을 깨달았어. 이렇게 부력의 원리를 발견하고는 너무 기쁜 마음에 "유레카!"라고 외치며 목욕탕에서 알몸으로 뛰쳐나갔다는 이야기는 유명하지.

DNA를 연구하는 사람들에게 없어서는 안 될 매우 유용한 도구가 된 PCR을 발견한 사람은 미국의 과학자 캐리 멀리스였어.

그는 환한 보름달이 뜬 어느 날 밤 차를 타고 가다가 우연히 끝없이 펼쳐지는 파노라마 같은 풍경을 보았어. 여기서 DNA가 무한히 증폭되는 PCR의 아이디어를 얻었다고 해. 유레카의 순간이었던 거지. 우연히 얻은 아이디어로 PCR을 발견한 그는 1993년 노벨 화학상을 받았어.

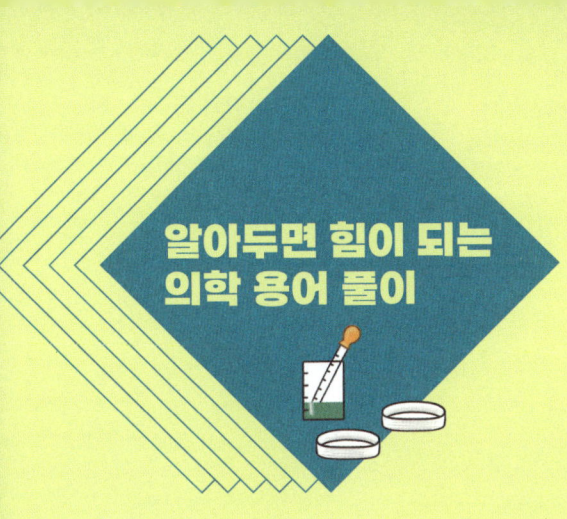

알아두면 힘이 되는 의학 용어 풀이

PCR 중합효소연쇄반응   DNA의 특정 부분을 증폭시키는 과정으로 생명공학에서 가장 중요한 기술 중 하나임.

프라이머   DNA의 특정 부분과 결합할 수 있는 짧은 DNA 조각. PCR 과정에서 DNA의 특정 부분에 결합해 DNA 중합효소가 DNA를 합성할 수 있는 시작점을 제공함.

DNA 복제효소   새로운 DNA 가닥을 합성하는 효소. DNA 복제와 세포분열에 핵심적인 역할을 함.

코로나19 바이러스   코로나바이러스 감염증-19를 일으키는 바이러스. 100나노미터 크기의 작은 RNA 바이러스의 하나이며 호흡기 증상을 주로 유발함.

크리스퍼 유전자 가위 기술은 DNA를 자르고 수정하는 데 사용되는 혁신적인 방법이야. 쉽게 말해 크리스퍼는 원하는 유전자를 정확히 찾아내어 잘라내는 가위라고 할 수 있어.

8

아기도 주문하는 시대가 올까?

맞춤 아기라고 들어봤어? 발전한 **유전자편집** 기술을 사용해 부모가 원하는 특성을 가진 아기를 만들어 내는 거야. 마치 옷을 원하는 디자인이나 스타일대로 주문해서 맞추듯이 말이야. 키, 머리카락이나 눈의 색깔, 지능지수 등 다양한 유전적 특성을 마음대로 선택할 수도 있다니 정말 놀랍지?

  이왕이면 똑똑하고 잘생긴 자식을 두고 싶은 것이 부모의 마음인 건 알겠지만, 과연 문제는 없을까? 영화에서나 보던 이런 신기한 일은 어떻게 가능한 것일까?

유전자에 따라 운명이 결정된다면?

〈가타카〉는 유전자를 조작해 태어난 인간이 지배하는 사회를 보여 주는 영화야. 이 사회에서는 태어나기 전에 태아의 유전자 분석을 통해 예상 수명과 질병, 지능, 성격 등을 미리 확인하고 그에 따라 사회적 지위를 정해. 영화 제목 가타카GATTACA는 DNA를 이루는 4가지 염기인 아데닌, 구아닌, 시토신, 티민의 머리글자를 조합해서 만들었어.

영화의 주인공 빈센트는 유전자편집이 아닌 자연적인 임신으로 태어난 인물이야. 그는 출생과 동시에 사회에 적응하지 못하는 부적격자로 낙인이 찍혔지. 유전자편집으로 모든 것이 완벽한 상태로 태어나는 사람들 속에서 그는 그저 불완전하고 무능한 사람으로 평가받았어. 게다가 31살까지밖에 살 수 없다는 말까지 듣게 돼.

반면에 그의 동생은 유전자편집을 통해 완벽한 유전자를 가지고 태어났기 때문에 늘 그보다 나은 대우를 받았지.

빈센트의 꿈은 우주 비행사였어. 그는 주어진 자신의 운

영화 〈가타카〉의 포스터

명을 거부하면서 우주 비행사가 되기 위한 도전을 시작해. 그리고 사고로 하반신 마비가 된 우수한 유전인자를 가진 제롬의 신분을 빌리고 제롬으로 변신하기 위해 수술로 키를 늘리는 등 엄청난 노력을 계속하지. 영화는 마침내 우주 비행선에 탑승한 빈센트의 모습과 함께 해피엔딩으로 마무리가 돼.

　이렇게 유전자에 따라 신분이 결정되는 사회를 그린 작품은 오래전부터 있었어. 1932년 올더스 헉슬리가 쓴 《멋진 신세계》에서는 태아를 제조하는 공장이 등장해. 헉슬리가 창조한 세계에서는 아이가 유전자 조작을 통해서만 태어나는 거야. 아이는 유전자에 따라 알파, 델타, 베타, 감마, 엡실론의 계급을 부여받고 교육과 대우가 달라지지.

유전자편집 기술, 크리스퍼

《멋진 신세계》나 〈가타카〉에서 그려진 세계는 당시만 해도 허무맹랑한 공상 속 이야기 정도로 여겨졌지만, 유전자편집 기술이 발전하면서 실제로 일어날 수 있는 일이 되었어. 2013년 3세대 **유전자가위**로 불리는 크리스퍼가 등장하면서 맞춤형 인간은 우리 현실 속으로 한 걸음 성큼 들어오게 된 거야.

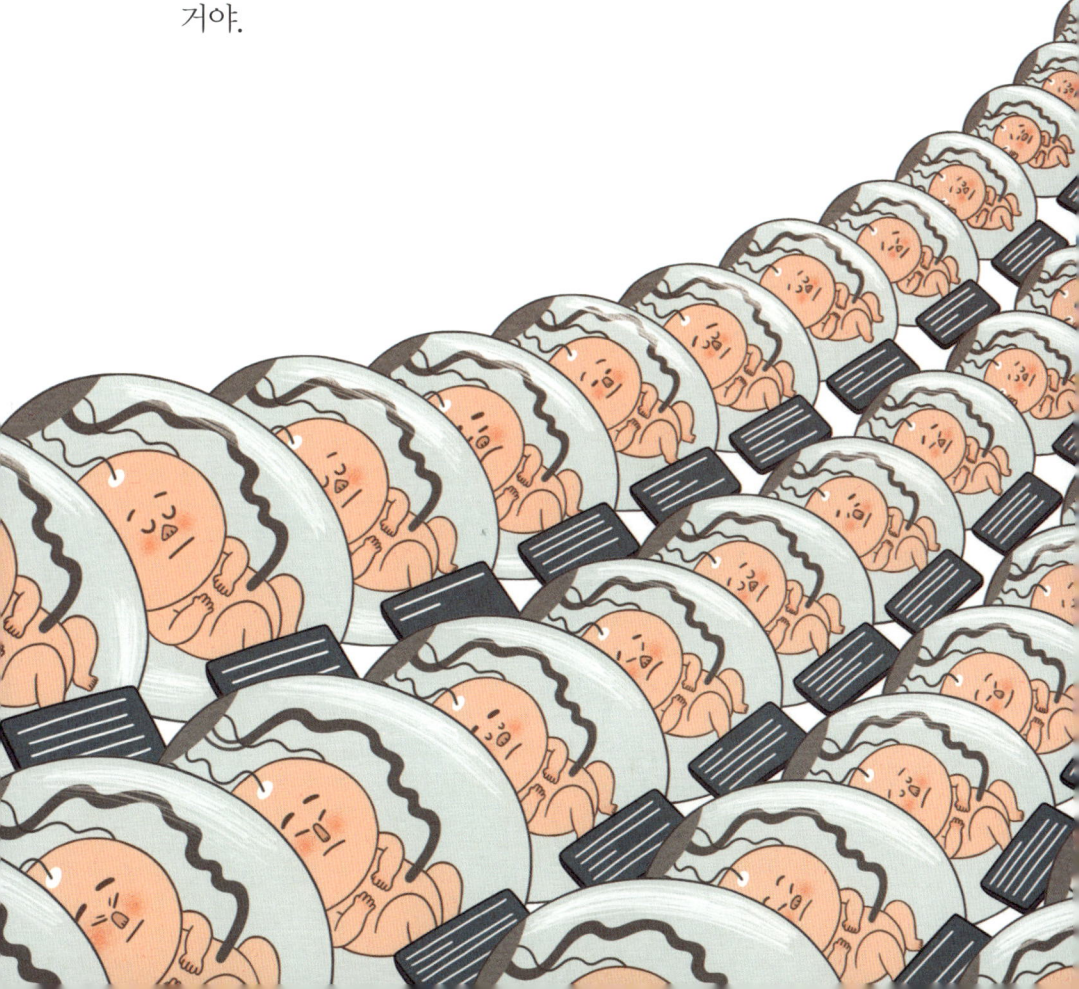

크리스퍼 유전자가위 기술은 DNA를 자르고 수정하는 데 사용되는 혁신적인 방법이야. 쉽게 말해 크리스퍼는 원하는 유전자를 정확히 찾아내어 잘라내는 가위라고 할 수 있어. 안내 역할을 하는 '가이드 RNA'가 원하는 위치를 찾으면 정밀한 가위 '크리스퍼' 단백질이 DNA를 자르는 작업을 수행해.

DNA를 자른 후에는 다른 DNA 조각을 삽입하거나 그 부위를 고칠 수 있어. 그러면 유전자의 기능을 변경하거나 더 좋게 하는 것이 가능해지겠지. 예를 들면 유전병을 치료하거나 작물을 튼튼하게 개량하는 거야. 이 기술을 개발한 프랑스의 에마뉘엘 샤르팡티에와 미국의 제니퍼 다우드나, 두 명의 과학자는 2020년 노벨 화학상을 받았어.

그런데 사람의 힘으로 생명체의 유전정보를 조작하거나 수정하는 것이 과연 옳은 일일까? 어떤 유전자가 마음에 들지 않는다고 자동차 부속품 갈아 끼우듯이 교체하는 것이 바람직한 일일까?

만약 세상에 존재하지 않던 새로운 생명체를 사람이 만들어 낸다면 어떨까? 자연의 질서를 사람이 교란하는 것이 되지 않을까? 사람을 대상으로 실험을 한다면 더 큰 문제이지 않을까? 유전자편집 기술에 관한 의문은 지금도 꼬리에 꼬리를 물고 계속되고 있어.

이런 걱정을 입증이라도 하듯이 2018년 놀라운 소식이 전해졌어. 중국의 과학자 허젠쿠이가 수정란의 유전자를 편집해 에이즈에 걸리지 않는 특성을 가진 쌍둥이 여자 아기를 태어나게 했다는 발표를 한 거야. 이 사건은 많은 사람을 충격과 분노에 휩싸이게 했고, 큰 논란을 낳았어. 목적이 아무리 좋다 하더라도 인위적으로 수정란의 유전자를 편집했다는 수단은 정당화될 수 없는 일이거든.

아직도 유전자편집 기술을 이용한 맞춤아기 제작에 대해서는 우리 사회가 합의한 것이 없고 법으로도 금지된 실정이야. 유전자가위 기술을 개발한 제니퍼 다우드나는 《코드 브레이커》라는 책에서 자신이 꾸었던 어떤 무서운 꿈에 관해 이렇게 말하고 있어.

어떤 사람이 "당신의 새로운 기술을 이해하고 싶다."고 말해 같이 방에 들어가 보니, 그가 바로 아돌프 히틀러였다는 거야. 만약 유전자가위 기술이 히틀러 같은 사람의 손에 들어간다면, 초인적인 힘을 가진 인간을 만들려고 할 수도 있겠다는 생각에 두려움을 느꼈다고 해.

이렇듯 인간의 미래를 근본적으로 바꿀지도 모를 유전자 편집 기술에 대해서는 앞으로도 충분한 토론과 논의가 먼저 이루어져야 하고, 윤리적으로도 계속 고민해야 할 문제야.

 여러분도 친구들과 함께 이 문제에 대해 토론해 보면 어떨까?

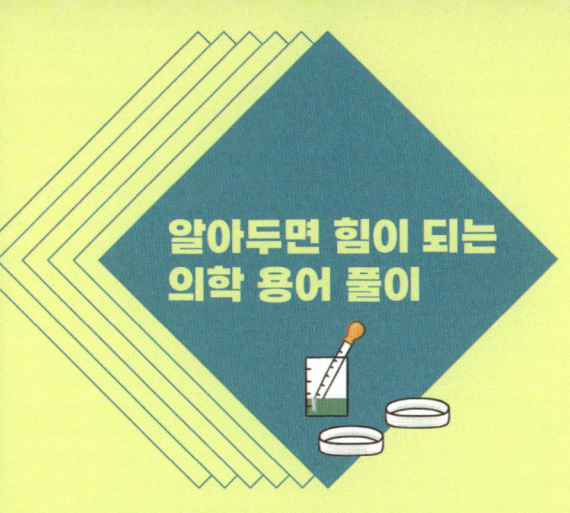

알아두면 힘이 되는 의학 용어 풀이

맞춤 아기   유전자편집 기술을 이용해 특정 유전자를 수정하거나 선택적으로 유전자 구성을 변화시켜 태어난 아기.

유전자편집   유전자가위 기술 등을 이용해 살아 있는 유기체의 유전자를 원하는 대로 바꾸는 기술.

유전자가위   유전체를 원하는 대로 편집할 수 있는 기술로, DNA의 특정 부위를 정교하게 잘라내고 그 자리에 원하는 DNA를 넣거나 없애는 기술.

크리스퍼 유전자가위   크리스퍼-Cas9 시스템을 이용한 3세대 유전자가위 기술.

맺음말

나노기술과 생명공학의 만남

영화 〈지·아이·조: 전쟁의 서막〉에는 엄청난 힘을 가진 나노로봇인 '나노마이트'가 등장해. 영화는 원래 암세포 제거와 같은 치료 목적으로 개발된 나노마이트가 악당의 손에 들어가면서 일어나는 사건을 긴장감 넘치게 그려냈지.

생명공학이 나노기술과 만나면 영화 속 나노마이트가 현실로 나타날 수 있어. 나노기술은 물질을 나노미터^{10억분의 1미터} 수준에서 다루는 기술이야. 현미경으로 간신히 보이는 세균이나 세포 하나의 길이가 0.5~10마이크로미터^{100만분}

의 1미터 정도이니, 그 1/1,000에 해당하는 나노미터는 세포 속 분자 크기에 해당하는 매우 작은 크기인 거지.

나노 생명공학이 발전하면 세포와 세포 사이를 자유로이 넘나들며 암세포만 골라 파괴할 수 있는 나노로봇을 만들 수 있어. 바이러스를 신속하고 정확하게 검출하는 '나노 바이오센서'나 원하는 부위에 효과적으로 약물을 전달해 치료 효과를 최대로 높일 수 있는 '나노 약물전달시스템'도 머지 않은 미래에 가능하게 해 줄 거야.

20세기 중반, DNA의 구조가 밝혀지면서 본격적으로 시작된 현대 생명공학은 유전자재조합 기술과 유전자클로닝

그리고 유전자변형 생물체를 거쳐 유전자를 편집하는 단계에까지 이르렀어. 특히 생명공학은 의학 분야의 혁신과 발전을 이끄는 핵심적인 역할을 하면서 질병의 진단과 치료 그리고 예방에 이르기까지 의료기술 향상에 크게 이바지하고 있단다.

빵이나 와인을 만드는 발효에서 시작한 생명공학은 상상조차 하지 못했던 능력을 우리에게 안겨 주었어. 호그와트 마법학교에 입학해 간단한 마법을 배우기 시작한 해리 포터가 많은 경험을 쌓아 볼드모트를 물리치고 마법 세계의 인정을 받는 대마법사가 된 것처럼 말이야.

　앞으로도 생명공학은 다양한 분야에서 엄청난 발전을 이뤄낼 것으로 생각돼. 하지만 우리는 생명공학의 발전과 함께 윤리적이나 사회적으로 생길 수 있는 문제에 대해서도 절대 잊어서는 안 된단다.

리틀 히포크라테스 01
복제인간은 가능할까?

초판 1쇄 발행 2024. 3. 10.
초판 2쇄 발행 2024. 6. 27.

글쓴이	박승준
그린이	이한울
발행인	이상용 이성훈
발행처	봄마중
출판등록	제2022-000024호
주소	경기도 파주시 회동길 363-15
대표전화	031-955-6031
팩스	031-955-6036
전자우편	bom-majung@naver.com

ISBN 979-11-92595-38-2 73470

값은 뒤표지에 있습니다.
잘못된 책은 구입한 서점에서 바꾸어 드립니다.
본 도서에 대한 문의사항은 이메일을 통해 주십시오.

봄마중은 청아출판사의 청소년·아동 브랜드입니다.